贵州省软科学课题项目（黔科合基础［2016］1505号）资助
贵州省道路运输局科研课题项目"贵州省物流成本研究"资助
贵州大学管理学院学术创新团队支持资金资助

贵州省物流成本研究

王茂春　何定　张步阔　著

北　京
冶金工业出版社
2018

内 容 提 要

本书在对大量企业实地调研和有关文献研究的基础上，采用定量与定性相结合的研究方法，应用物流系统理论及经济学理论，探讨了贵州省社会物流成本的构成及水平，推算出贵州省的物流总成本与物流总额，并着重测算了贵州省社会物流成本及其占 GDP 比重，分析了高速公路通行费对社会物流成本的影响，最后，提出降低物流成本的措施。

本书可供高等院校、科研机构的物流管理专业的师生和研究人员阅读，也可供各类企业的物流管理者参考。

图书在版编目 (CIP) 数据

贵州省物流成本研究／王茂春，何定，张步阔著. —北京：冶金工业出版社，2018.9

ISBN 978-7-5024-7878-0

Ⅰ.①贵⋯　Ⅱ.①王⋯　②何⋯　③张⋯　Ⅲ.①物流管理—成本管理—研究—贵州　Ⅳ.①F259.277.3

中国版本图书馆 CIP 数据核字（2018）第 214159 号

出 版 人　谭学余
地　　　址　北京市东城区嵩祝院北巷 39 号　邮编　100009　电话　(010)64027926
网　　　址　www.cnmip.com.cn　电子信箱　yjcbs@cnmip.com.cn
责任编辑　俞跃春　贾怡雯　美术编辑　吕欣童　版式设计　禹　蕊
责任校对　郑　娟　责任印制　李玉山
ISBN 978-7-5024-7878-0
冶金工业出版社出版发行；各地新华书店经销；三河市双峰印刷装订有限公司印刷
2018 年 9 月第 1 版，2018 年 9 月第 1 次印刷
169mm×239mm；7.75 印张；150 千字；110 页
58.00 元
冶金工业出版社　投稿电话　(010)64027932　投稿信箱　tougao@cnmip.com.cn
冶金工业出版社营销中心　电话　(010)64044283　传真　(010)64027893
冶金书店　地址　北京市东四西大街 46 号(100010)　电话　(010)65289081(兼传真)
冶金工业出版社天猫旗舰店　yjgycbs.tmall.com
（本书如有印装质量问题，本社营销中心负责退换）

前　言

由于我国物流业起步较晚，相比于西方发达国家还有一段距离，贵州省地处西南内陆，更是如此，不管是在物流发展理念、物流技术、服务水平还是物流成本上都有一定的差距。现如今，在我国经济发展的过程中，物流成本支出占据了社会总支出的很大比例，很大程度制约了经济发展效益的提升。因此，应不断探索社会物流成本的规律，有效地降低物流成本，提高我国经济发展的质量。全社会的物流成本又是由各个区域的物流成本构成的，因此，弄清楚一个地区的物流成本构成对于国家探索整个社会的物流成本具有重大意义。

近年来，贵州省基础交通的发展取得了长足的进步，在此背景下贵州省物流行业也取得了巨大的成效。现阶段，贵州省境内的交通已形成以公路运输为依托，铁路运输相辅佐的物流运输网，但较高的公路运输费用制约着第三方物流企业的发展与壮大。运输是物流作业的组成部分之一，也可以说是重点部分。因为运输承担着是否完成物流作业的责任。物流效益的好坏除了物流自身的影响因素之外，公路特有的条件也会对其造成一定的影响。因此，道路运输，尤其是高速公路运输费用调整是否会影响物流效益、运力水平以及周期，并且最终是否会提高或减少企业的利润是本次研究的目的所在。对高速公路费用成本的研究，可以了解第三方物流企业的获利程度，了解其营运状况。探究贵州省物流成本构成，特别是研究高速公路收费是否对物流企业的盈利能力产生影响，占物流成本构成比重多大，对物流成本影响程度的大小有着重要的现实意义，是一项迫在眉睫的重大课题。

本书内容是作者在对大量企业实地调研和文献研究的基础上，采用定量与定性相结合的研究方法，实地调查贵州省高速公路收费情况、贵州省物流产业运输成本及相关产业的实际情况，调研物流系统包括商品补充、仓储、保管、库存管理、物流作业、出货、配送、信息管理等物流有关的一切活动，应用物流系统理论及经济学理论，结合现代应用数学、运筹学、图论与网络分析、物流科学、计算机应用科学研究基础上编写的，主要工作内容包括以下几个方面。

(1) 研究贵州省社会物流成本的构成及水平。从贵州省统计局可得到贵州省近五年的物流成本与物流总额数据，并运用定性与定量相结合的方法对物流总额、物流总成本水平以及他们之间的关系、趋势进行分析。然后再通过调研企业得来的物流成本构成数据，推算出贵州省的物流总成本与物流总额。将两种方法得到的数据进行比较分析，找出差异，进行修正。

(2) 测算贵州省社会物流成本及其占 GDP 比重。主要是利用成本分析法对从贵州省统计局得到的贵州省近五年社会物流成本和 GDP 进行分析研究，并用时间序列对其趋势进行预测。然后根据调研得到的企业物流成本数据，推算出整个贵州省的物流成本。再根据调研的重点企业的营业收入，推算出整个贵州省的 GDP，利用成本分析法和时间序列法计算并预测贵州省社会物流成本与 GDP 的比值及趋势。

(3) 研究企业物流成本构成及水平。先运用社会公认的一般构成理论分析出企业的物流成本构成，然后利用调研得到的真实物流成本构成的数据对其进行修正，利用德尔菲法对数据进一步进行归纳整理和优化，利用模糊层次分析法和结构分析法分析和计算出各类成本情况和水平。

（4）研究高速公路通行费对社会物流成本的影响率。首先利用格兰杰因果检验对高速公路通行费与社会物流成本之间的因果关系进行检验，然后利用成本分析法和弹性系数法对二者之间关系进行分析研究，尤其是研究分析出高速公路费用变动一个百分点对贵州省社会物流成本的影响程度。

（5）提出降低物流成本的措施。

从研究以上几个问题的过程中，发现贵州省物流业发展的问题，为贵州省企业降低物流成本从而带动整个贵州省社会物流成本的减少提供理论依据；为研究贵州省物流成本与 GDP 之间关系、高速公路收费与社会物流成本关系提供一套分析指标和测算模型。

本书涉及内容的创新点在于：（1）通过实地调研各个行业物流成本的真实情况，运用相关分析推算法和比例推算法计算出贵州省社会物流成本及 GDP 占比；（2）用弹性系数法对贵州省社会物流成本与高速公路通行费进行了敏感性分析。

本书内容所涉及的研究得到了贵州省软科学课题项目（黔科合基础〔2016〕1505 号）和贵州省道路运输局科研课题项目"贵州省物流成本研究"的资助，是"贵州省物流成本研究"课题的成果总结。在编写过程中，引用了贵州物流行业协会的部分调研成果，引用了贵州财经大学肖强副教授等人的部分调研数据，应该说，本书是贵州物流界专家、学者、企业家的共同成果。

感谢贵州省道路运输局局长章友竞先生的大力支持，出任课题领导小组组长；感谢贵州省道路运输局、贵州省各地州市运管部门、商务部门以及样本企业的大力支持；特别感谢贵州省物流行业协会的张愈江秘书长、贵州省物流标准化技术委员会的周敬副秘书长为书稿提供资料和指导。同时要感谢贵州大学管理学院的领导、老师和同学的关心与帮助。

本书虽然由贵州大学管理学院王茂春教授、贵州省道路运输局副局长何定博士、贵州大学管理学院张步阔副教授编写，但也凝结了参加课题研究的同仁们的智慧和成果。他们是：贵州省道路运输局货运与物流管理科科长梁旭静，兴义高速公路管理处党委书记汪泽罡，贵州大学管理学院讲师俞媛、郑洪，贵州电子科技职业学院讲师黄小敏、张倩，贵州大学管理学院研究生高康、赵艳芳、邱蕾、杨旋、赵楠等。

由于作者的知识和能力有限，书中不妥之处，恳请读者不吝赐教。

王茂春

2018 年 6 月于贵阳

目　　录

1 引 言

1.1 研究背景

现代物流业是国民经济的重要组成部分，是支撑经济社会发展的基础性、战略性产业，市场需求巨大，发展空间广阔。加快物流业发展是推进供给侧结构性改革、增加公共产品和公共服务供给的重点方向，是扩大有效投资、促进城乡居民消费的重要手段，是消除瓶颈制约、补齐薄弱短板、提升国民经济整体运行效率的重要途径。习近平总书记、李克强总理、汪洋副总理等党和国家领导人对加快我国现代物流业发展先后发表了重要讲话、做出了重要的批示。国务院先后出台了《物流业调整和振兴规划》《物流业发展中长期规划》等一系列支持物流业发展的指导意见及政策措施。2016 年 9 月 26 日，国务院办公厅颁布了《物流业降本增效专项行动方案（2016~2018 年）》的通知。按照党中央、国务院关于推进供给侧结构性改革和降低实体经济成本的决策部署，为解决物流领域长期存在的成本高、效率低等突出问题，大力推动物流业降本增效，推进物流业转型升级，提升行业整体发展水平，更好地服务于经济社会发展。

国家在一系列发展规划和高层会议上明确了现代物流发展的战略发展地位，既是宏观上发挥物流作用的需要，也是物流发展达到一定水平的必然结果。在各级政府及社会各方面的共同关注和努力下，区域物流的产业地位得到重视，并且发展迅速。区域物流产业的发展体现了国家区域发展的总体战略的要求，并在一定程度上有效地支撑了区域经济的发展。

为了加快现代物流业的发展，贵州省委、省政府对发展贵州省现代物流业十分重视，安排部署有关部门对贵州物流业进行专题调查研究，省委主要领导亲自主持制定贵州省物流业发展的政策措施。贵州省政府先后出台了《关于加快发展现代物流业的若干意见》《关于加快商贸流通业改革发展的意见》等一系列支持贵州省物流业快速健康发展的政策措施。随着贵州"加速发展、加快转型、推动跨越"主基调的贯彻实施，贵州物流业迎来了前所未有的发展机遇，呈现快速稳健发展之势，对全省社经济发展和城乡居民生活发挥了支撑、保障、引领作用。但是，由于受历史、主客观各方面因素的影响，贵州物流业还处于起步阶段向积累阶段的过渡期，物流发展体系不够健全，转型升级步伐较慢，物流效率较差，物流成本较高，物流业发展总体水平较低。在经济发展的过程中，物流成本支出占据了社会总支出的很大比例,很大程度制约了经济发展效益的提升。因此,不断探索社会物流成本的规律,有效地降低物流成本,提高经济发展的质量。全社会的物流成本又是由各个区域的物流成本构成的,因此,弄清楚一个地区的物流成本构成对于国家探索整个社会的物流成本具有重大意义。

基于此,本书对贵州省的物流业情况进行调查分析,找出导致贵州省物流成本居高不下的原因,并对其分析,提出合理化建议,为贵州省政府有关部门制定进一步的政策提高依据。

1.2 研究目的和意义

1.2.1 理论意义

本研究有利于丰富物流成本理论基础。随着我国经济的迅速发展,物流成本在社会总成本中占据了很大比例,降低物流成本现已成为挖掘我国国民经济"第三利润源"的重要途径,因此,加强对物流成本的理论研究,对物流成本特别是区域社会物流成本构成进行调查,找到影响物流成本的因素,探索出降低物流成本的方法和对策,在一定程度上丰富了物流成本理论。

1.2.2 现实意义

为更好地推动贵州现代物流业快速、健康发展,本书旨在研究贵州省各类企业的物流成本构成、贵州省社会物流成本水平以及高速公路收费制对于社会物流成本的影响。一方面对贵州省企业降低物流成本具有现实的意义,体现在不仅可以使企业关注物流成本在企业中的重要地位,而且可以促使企业加强对物流的管理力度;另一方面对于国家尤其是交通部门制定高速公路收费制提供了重要的依据,有利于国民经济的良好发展。

1.3 研究方法及手段

课题组针对全省物流园区、物流企业展开全方位调研,以期深刻认识贵州省物流业现状。按课题初步设计,经过调查研究,结合相关统计、规划、政府公报等二手信息资料,对贵州省物流业发展现状、存在的问题获取全方位了解和深刻认识,在此基础上结合现代物流发展理论,提出了降低贵州省物流业物流成本对策和建议。

为了调研统计和预测贵州省企业物流成本构成、社会物流成本与 GDP 的关系、高速公路收费与社会物流成本的关系,研究期间所需的资料和数据,主要是采用了以下四种方法获得:

(1) 文献归纳法。通过资料的查询,了解贵州省物流成本的构成及其历年各种物流活动成本详细数据。

（2）实地调查法。本次课题对贵州省各地级市县的，包括一些具有代表性的物流企业、商贸企业、制造企业、农业企业进行实地的走访和调查，掌握一手资料，由浅入深了解贵州省物流成本构成状况，针对发现的一些问题，找出原因，形成对策。并且为了研究贵州省社会物流成本构成及水平，可从贵州省统计局查看历年的物流总额、物流成本费用以及 GDP 指数，再对其关系进行分析和研究。

（3）问卷调查法。针对本次课题的主要研究内容，编制针对不同类型企业的问卷调查，发放到各类典型企业进行填写，并收回，利用专业统计工具对数据进行分类统计整理，为问题的解决提供一手资料。

（4）数理分析方法。为了研究贵州省企业的物流成本构成，运用定性和定量的分析方法，主要运用德尔菲法、报表分析法、结构分析法以及模糊层次分析法进行研究分析；为了研究贵州省物流成本影响因素，主要利用了灰色关联度分析法，从收集到的数据资料，对其关联度进行分析，找出影响因素的强弱程度；为了研究高速公路收费与社会物流成本之间的关系，运用格兰杰因果分析法、成本分析法和弹性系数法对其进行分析。

研究技术路线如图 1-1 所示。

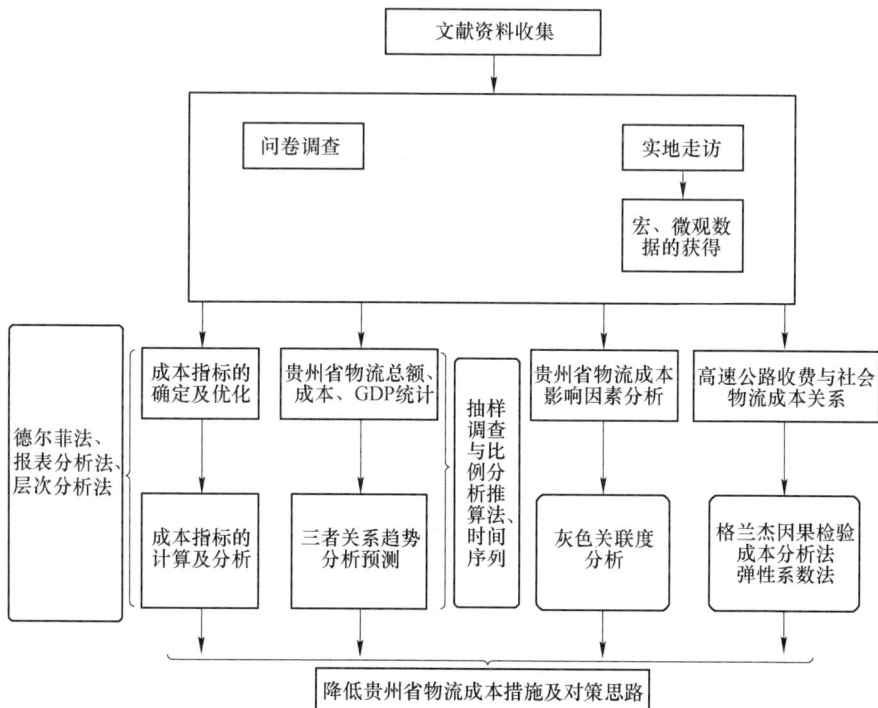

图 1-1 研究技术路线图

1.4　研究工作的开展及成果

为了有条不紊、科学合理地按要求顺利完成"贵州省物流成本研究"的工作，课题组进行了问卷编制和文献准备工作，自 2016 年 11 月到 2017 年 2 月初开展了调研，历时三个月对 9 个地州市 100 多家企业进行实地调查。

此次调研，抽取 100 个样本（分为制造企业、流通企业、农业企业以及物流企业），其中贵阳市 20 个，遵义市、兴义市、安顺市、都匀市、毕节市、铜仁市、六盘水市、凯里市各 10 个。调研小组运用问卷调查法到样本单位进行调研，实际共发放 150 份问卷，收回 93 份，有效问卷 83 份（贵阳市 14 份、遵义市 10 份、兴义市 10 份、安顺市 7 份、都匀市 7 份、毕节市 8 份、铜仁市 10 份、六盘水市 10 份、凯里市 7 份），有效率 89%。保证了该课题的真实性和可行性。

通过调查研究，课题组分别完成了"贵州省及周边省份物流成本调查分析""贵州省物流业发展现状、存在问题及对策研究""贵州物流业发展现状调查报告""贵州省各类型企业基本和业务情况分析问卷调查报告""贵州省物流成本与对策研究调研报告""国内外物流成本比较分析报告"，这些资料和数据，为本书的编写提供了翔实的数据和材料。

2 相关理论及物流成本对比分析

2.1 相关概念界定

2.1.1 物流及其特点

目前国内外关于物流的概念和定义很多：

"物流是一个控制原材、半成品、产品和信息的系统。"

"物质料从供给者到需求者的物理运动，是创造时间价值、场所价值和一定加工价值的活动。"

"物流是指物质实体从供应者向需求者的物理移动，它是由一系列创造时间价值和空间价值的经济活动组成，包括运输、保管、配送、包装、装卸、流通加工及物流信息处理等多项基本活动，是这些活动的统一。"

"以最小的总费用，按用户要求，将物质资料从供应地向需要地转移的过程，主要包括运输、储存、包装、装卸、配送、流通加工、信息处理等活动。"

"为满足消费者需求而进行的原材料、中间库存、最终产品及相关信息从起点到终点的有效流动和存储的计划、实施与控制管理过程。"

《物流术语》（ GB/T 18354—2006）中物流的定义为：物品从供应地向接收地的实体流动过程，根据实际需要，将运输、储存、装卸、搬运、包装、流通加工、配送、回收、信息处理等基本功能实施有机结合。

物流的作用表现在：

（1）提高效率。速度快、时间少、质量高。

（2）减少浪费。有效地使用社会流通设施设备，节约社会财富，克服大而全、小而全，避免设施、设备、工具的重复建设，货损低。

（3）系统优化。最佳运行方案、最优资源配置。

（4）降低成本。减少流通环节，缩短流通周期，加速资金周转，降低流通费用，社会消耗低。

（5）缓解城市交通。现代物流业的发展，特别是商业零售配送的发展，能有效地缓解城市交通拥挤现象，节约批发市场、零售企业的使用空间。

2.1.2 物流成本

我国在 2006 年颁布实施的国家标准《企业物流成本计算与构成》（GB/T 20523—2006）中指出："物流成本是企业物流活动中所消耗的物化劳动和活劳动的货币表现，包括货物在运输、储存、包装、装卸搬运、流通加工、物流信息、物流管理等过程中所耗费的人力、物力和财力的总和以及与存货有关的流动资金占用成本、存货风险成本和存货保险成本。"该定义的物流成本包含两方面的内容：一方面是直接在物流环节产生的支付给劳动力的成本，耗费在机器设备上的成本以及支付给外部第三方的成本；另一方面包括在物流环节中因持有存货等所潜在的成本，如占有资金成本、保险费等。

《物流术语》（GB/T 18354—2006）给出了国内物流成本标准定义，物流成本是指产品的空间移动或时间占有中所耗费的各种活劳动和物化劳动的货币表现。具体而言，它是报告期内国民经济各方面用于社会物流活动的各项费用支出的总和，包括运输费用、保管费用和行政管理费用。

2.1.3 社会物流成本

社会物流成本又称宏观物流成本，是指全社会在一定时间范围内，为消除时间和空间障碍而发生的有价值的商品运动和静止行为所耗费的成本开支总额，是核算一个国家或地区在一定时期内发生的物流总成本，是不同性质企业微观物流成本的总和。

社会物流总成本是指一定时期内，国民经济各方面用于社会物流活动的各项费用支出。其内容包括支付给运输、储存、装卸搬运、包装、流通加工、配送、信息处理等各个物流环节的费用，应承担的物品在物流期间发生的损耗，社会物流活动中因资金占用而应承担的利息支出，社会物流设备设施折旧和摊销，社会物流活动中发生的管理费用等。具体可分为运输费用、保管费用和管理费用（含折旧和摊销）三部分内容。

2.1.4 社会物流费用与社会物流总成本区别

社会物流费用指报告期内国民经济各方面用于社会物流活动的各项费用支出的总和。包括支付给运输、储存、装卸搬运、包装、流通加工、配送、信息处理等各个物流环节的费用，应承担的物品在物流期间发生的损耗费用，社会物流活动中因资金占用而应承担的利息支出，社会物流活动中发生的管理费用等。社会物流总费用划分为运输费用、保管费用、管理费用。

物流成本的核算是对象化的，是单位物品或某企业、某行业、某地区在仓储、包装、运输、装卸等物流活动中所需要的全部费用，包括物流设备设施折旧和摊销。以最常见的物流快递为例，一件标准包裹的物流费用是 15 元，这就是物流成本；委托了 10 件标准包裹，这就是物流总量；一共花费了 150 元，这就是物流总费用，物流成本为物流总费用与物流总量之比。一个国家或地区"物流总费用"的高低，一定程度上会受到物流成本的影响，但起着决定性作用的还是这个国家的物流总量。

从统计方法和结果来看，一个国家或地区的物流成本总额和社会物流费用没有差别。因此，目前很多部门将一个国家或地区物流成本总额或社会物流费用占国内生产总值（GDP）的比例，作为衡量各国或地区物流服务水平和物流发展水平高低的标志。

但从成本会计的角度，社会物流费用强调的是社会物流活动中的消耗，而物流成本总额强调的是支出，包括有可以转化为资产的支出。对某企业、某行业进行统计分析时用物流成本，在按期归集统计某地区的物流损耗时采用社会物流费用，用社会物流费用占国内生产总值（GDP）的比例（因为 GDP 也是按期归集的），作为衡量各国或地区物流服务水平和物流发展水平高低的标志。但由于考虑到业界习惯用法以及上下文"成本"影响因素和降"成本"的对策叫法的一致性，本书统一用"社会物流成本"来分析社会物流费用占国内生产总值（GDP）的比例。

2.1.5　物流企业

按国家《物流术语》（GB/T 18354—2006）定义，物流企业是指至少从事运输（含运输代理、货运快递）或仓储一种经营业务，并能够按照客户物流需求对运输、储存、装卸、包装、流通加工、配送等基本功能进行组织和管理，具有与自身业务相适应的信息管理系统，实行独立核算、独立承担民事责任的经济组织。

2.1.6　企业物流

企业物流是指企业内部的物品实体流动，是企业物资的采购、运输、配送、储备等内部环节中的物流活动。它从企业角度上研究与之有关的物流活动，是具体的、微观的物流活动的典型领域。企业物流又可分为以下不同典型的具体物流活动：企业供应物流、企业生产物流、企业销售物流、企业回收物流、企业废弃物物流等。

为了研究社会物流成本，本书重点研究工业企业物流、商业企业物流和农业企业物流成本。

2.2 物流成本（费用）及其构成

2.2.1 社会物流费用及构成

社会物流费用核算是各环节的费用估算值，由各环节的物流业务规模乘以相应的物流费用率得出，而各环节的物流业务规模和相应的物流费用率则通过相关统计调查获得。

（1）运输费用包括支付给物品承运方的运费（即承运方的货运收入），支付给装卸搬运保管代理等辅助服务提供方的费用（属于辅助服务提供方的货运业务收入），支付给运输管理与投资部门并由货主方承担的各种交通建设基金、过路费、过桥费、过闸费等运输附加费用，即物流运输费用＝运费＋装卸搬运等辅助费＋运输附加费。

（2）保管费用包括物流过程中因流动资金的占用而需承担的利息费用，仓储保管方面的费用，流通中配送、加工、包装、信息及相关服务方面的费用，物流过程中发生的保险费用和物品损耗费用等。其中利息费用是指物品从最初的资源供应方（生产环节、海关等）到达最终消费用户的过程中，因流动资金的占用而需承担的利息支出。包括占用银行贷款所支付的利息和占用自有资金应相应计算的利息成本。利息费用是通过社会物流总额与社会物流流动资金平均占用率、报告期银行贷款利率相乘得到。

（3）管理费用是指各物流参与方因组织和管理各项物流活动所发生的费用。主要包括管理人员报酬、办公费用、教育培训、劳动保险、车船使用等各种属于管理费用科目的费用。管理费用是通过社会物流总额与社会物流平均管理费用率相乘得到。社会物流平均管理费用率是指在一定时期内管理费用额占各物流部门物流总额比例的综合平均数。

2.2.2 企业物流成本及构成

（1）物流企业物流成本构成。通过对全省70家左右的物流企业调研，总结出贵州省物流企业的成本基本构成情况如下：

物流成本＝运输成本＋仓储持有成本＋行政管理成本＋其他
　　　　＝燃油费＋过路过桥费＋罚款＋停车费＋仓库管理费用＋装卸费＋司机工资＋车辆保养费＋车辆折旧＋保险费＋税费＋杂费＋园区入场费等

（2）工业企业物流成本构成。经过调查走访，发现贵州省大部分的工业企业对物流业务进行外包，其成本构成情况如下：

物流成本＝原材料采购运输费用＋产品运输费用＋仓库租赁费＋仓库折旧费＋设备折旧费＋管理费用＋税费＋杂费

（3）商贸企业物流成本构成。经过调查，贵州省的大部分商贸企业也是通过第三物流的方式实现物流活动的，其物流成本构成情况如下：

物流成本＝运输费用＋仓库保管费用＋仓库租赁费＋装卸费＋税费＋杂费

（4）农业企业物流成本构成。经过调查，贵州省农业批发企业的物流成本构成如下：

$$物流成本＝运费＋产地装车费＋销地卸车费＋包装费＋$$
$$门面租赁费＋园区入场费等$$

2.3 国内外物流成本对比分析

2.3.1 定性分析

2.3.1.1 物流成本构成与核算

A 我国物流成本构成与核算

我国物流成本核算是对物流环节的费用进行估算得到的，具体为各环节的物流业务规模乘以相应的物流费用率。中国物流成本构成同 2.2.1 节。

B 美国物流成本构成与核算

根据《美国物流年度报告》显示，美国物流成本核算普遍采用下列公式计算，即物流总成本＝存货持有成本＋物流运输成本＋物流行政管理成本。

（1）存货持有成本是指在保存货物上的费用，除了包括仓储、残损、人力费用及保险和税收费用外，还包括库存占压资金的利息。其中利息是当年美国商业利率乘以全国商业库存总金额得到的。把库存占压的资金利息计入物流成本是现代物流与传统物流在成本核算方面存在的最大区别，这样可以使降低物流成本和加速资金周转速度从根本利益上统一起来。美国企业平均流动资金周转次数达到 10 次以上，其库存占压的资金利息约为库存总成本的 1/4，约为总物流成本的 1/10。在计算存货持有成本时，存货价值的数据来源于美国商务部《国民收入和生产核算报告》《当前商业状况调查表》和《美国统计摘要》等。

（2）运输成本包括公路运输、铁路运输、水路运输、航空运输、货运代理相关费用、油料管道运输与货主费用等。公路运输包括城市内运输费用与区域间卡车运输费用，货主费用包括运输部门运作及装卸费用等。运输成本测算的数据是基于伊诺运输基金会出版的《美国运输年度报告》。显然中美运输成本的构成基本一致。

（3）物流行政管理成本包括订单处理、IT 成本以及市场预测、计划制定和相关财务人员发生的管理费用。由于这项费用的实际发生额很难进行真正的统计，因此，在计算物流行政管理成本时，是按照美国的历史情况由专家确定一个固定比例，乘以存货持有成本和运输成本的总额而得出。从 1973 年《美国物流年度报告》出版时起，就一直用 4% 乘以存货持有成本和运输成本之和作为物流行政管理成本数据。

C　欧洲物流成本构成与核算

物流产业在欧洲已经步入成熟的发展阶段，但社会物流成本的测算尚没有固定的范式，相关的研究主要是根据调查和预测。

从现有的资料看，欧洲社会物流成本的核算并没有把管理费用单列，而是将其分散在仓储、包装和搬运等各个方面，但测算方法基本与美国相同。

D　日本物流成本构成与核算

日本物流成本由三部分组成，运送费、保管费及物流管理费。

（1）运送费分为营业运送费和企业内部运送费，前者又包括卡车货运、铁路货运、内海航运货运、国内航空货运费用及货运站收入等。

（2）保管费是将经济企划厅编制的《国民经济计划年报》中的国民资产、负债余额中原材料库存余额、产品库存余额及流通库存余额的总数乘以日本资材管理学会调查所得的库存费用比例而得。

（3）物流管理费是依据《国民经济计划年报》中的《国内各项经济活动生产要素所得分类统计》，将制造业和批发、零售业的产出总额，乘以日本物流协会根据行业分类调查的各行业物流管理费用比例 0.5% 得出。

基于以上分析可得出，目前各国物流学术界和实务界已经将物流总成本简要概括为三部分，即运输成本、存货持有成本和物流行政管理成本。由于欧美、日本等发达国家对物流成本的研究工作非常重视，在核算物流成本上分类更细化，并且在连续进行调查研究与分析的基础上，建立了一套完整的物流成本资料收集系统，并将各年的资料信息加以对此分析，以便随时掌握国内物流成本变化情况供政府和企业决策参考。

2.3.1.2　物流成本管理模式比较分析

物流成本管理模式上体现了各具特色。美国没有一个集中统一管理物流的专职政府部门，政府机构按其职能对物流的基本环节进行分块管理。美国的物流管理体制，倾向于通过法律和市场激发企业创新活力，对物流企业实施调控。欧洲的组织形式采取协调政策，大力促进物流体系的标准化、集约化和协同化。日本强调按照多种标准进行划分，通过综合的成本测算来全面核算物流成本。我国的物流成本核算有待完善，企业物流成本的数据主要来源于整个经济的综合数据，调研层面和数据支撑只是来源于部分企业的市场调研，而不是全部企业上报的数据。

2.3.2　定量分析

在做定量分析时，选择美国与中国进行情景模拟对标比较的原因是：在物流环境较好、社会物流成本占 GDP 较低的国家中，美国的国土面积与中国接近；中美社会物流核算方法的主要构成因素接近；美国管理水平、仓储水平世界领先，方便看到中国与物流先进国家间影响因素的差距；美国的物流数据相对完整、透明、充分，方便中美之间的指标比较。中美物流成本总额及各项成本总额汇总见表 2-1、表 2-2，其比例折线如图 2-1~图 2-4 所示。

表 2-1　中国物流成本总额及各项成本总额统计汇总表

年份	GDP /亿元	物流总成本 /亿元	运输成本 /亿元	保管成本 /亿元	管理成本 /亿元	GDP 中物流总成本比例/%	GDP 中运输成本比例/%	GDP 中保管成本比例/%	GDP 中管理成本比例/%
2000	99215	19230	10070	5975	3185	19.38	10.15	6.02	3.21
2001	109655	20619	10813	6458	3348	18.80	9.86	5.89	3.05
2002	120333	22741	12000	7281	3460	18.90	9.97	6.05	2.88
2003	135823	25695	14068	8057	3570	18.92	10.36	5.93	2.63
2004	159878	29114	16044	8981	4089	18.21	10.04	5.62	2.56
2005	184937	33860	18639	10632	4590	18.31	10.08	5.75	2.48
2006	216314	38414	21018	12331	5066	17.76	9.72	5.70	2.34
2007	265810	45406	24708	14943	5755	17.08	9.30	5.62	2.17
2008	314045	56741	31436	18560	6745	18.07	10.01	5.91	2.15
2009	340903	60926	33628	19955	7244	17.87	9.86	5.85	2.12
2010	401513	70984	38321	24044	8619	17.68	9.54	5.99	2.15
2011	473104	84102	44397	29475	10230	17.78	9.38	6.23	2.16
2012	518942	93699	49192	32982	11525	18.06	9.48	6.36	2.22
2013	568845	103000	54000	36000	13000	18.10	9.49	6.33	2.28
2014	638554	106000	56000	37000	13000	16.60	8.77	5.79	2.04
2015	676708	109000	58000	37000	14000	16.11	8.57	5.47	2.07
2016	744127	111000	60000	37000	14000	14.90	8.06	4.97	1.88
2017	827122	121000	66000	39000	16000	14.60	7.98	4.72	1.93

表 2-2　美国物流成本总额及各项成本总额统计汇总表

年份	GDP /亿美元	物流总成本 /亿美元	运输成本 /亿美元	保管成本 /亿美元	管理成本 /亿美元	GDP 中物流总成本比例/%	GDP 中运输成本比例/%	GDP 中保管成本比例/%	GDP 中管理成本比例/%
2000	98988	10030	5900	3740	390	10.13	5.96	3.78	0.39
2001	100490	9570	5810	3390	370	9.52	5.78	3.37	0.37
2002	104348	9100	5770	2980	350	8.72	5.53	2.86	0.34
2003	109185	9470	6070	3040	360	8.67	5.56	2.78	0.33
2004	116573	10270	6520	3360	390	8.81	5.59	2.88	0.33
2005	125797	11830	7440	3930	460	9.40	5.91	3.12	0.37
2006	131329	13050	8090	4460	500	9.94	6.16	3.40	0.38
2007	140108	13970	8560	4870	540	9.97	6.11	3.48	0.39
2008	143694	13460	8720	4220	520	9.37	6.07	2.94	0.36
2009	142563	10990	6930	3620	440	7.71	4.86	2.54	0.31
2010	145824	12090	7660	3960	470	8.29	5.25	2.72	0.32
2011	150940	12830	8135	4261	434	8.50	5.39	2.82	0.29
2012	156704	13978	8840	4672	466	8.92	5.64	2.98	0.30
2013	167700	14288	9064	4732	492	8.52	5.40	2.82	0.29
2014	174200	14722	9299	4901	522	8.45	5.34	2.81	0.30
2015	161979	14000	8923	4645	432	8.65	5.51	2.87	0.27
2016	185691	14354	9204	4712	438	7.73	4.96	2.54	0.23
2017	195558	15012	9467	5002	543	7.68	4.84	2.56	0.28

中美物流成本构成大体相同，都包含运输费用、保管费用、物流管理费用，但美国各个成本费用构成结构较为科学。从各项物流成本占 GDP 比值（2000~2017 年的平均值）来看，美国物流总成本占比比中国低 8.79%，美国运输费用占比比中国低 3.93%，美国保管费用占比比中国低 2.83%，美国物流管理费用占比比中国低 2.02%。由此看来，我国物流成本降低潜力较大。

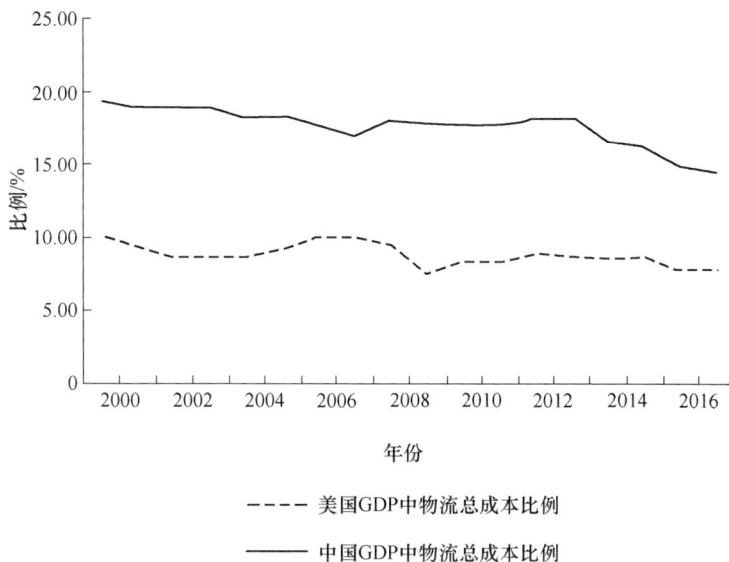

图 2-1 中美 GDP 中物流总成本比例折线图

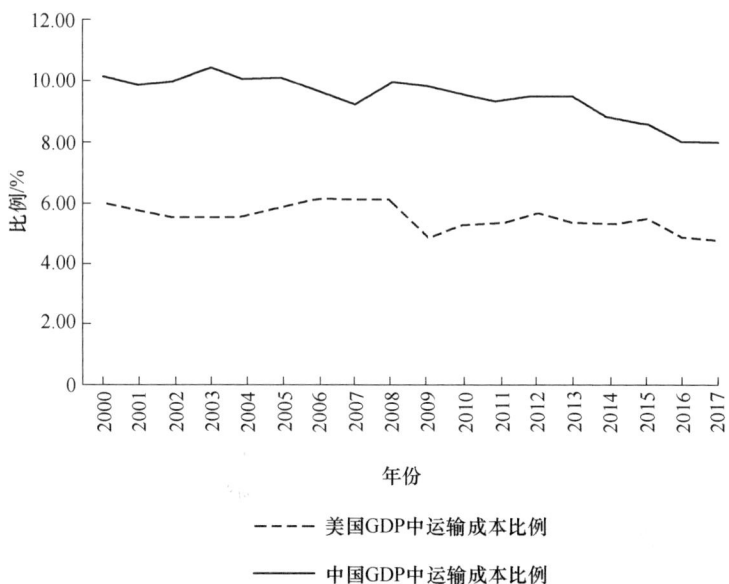

图 2-2 中美 GDP 中运输成本比例折线图

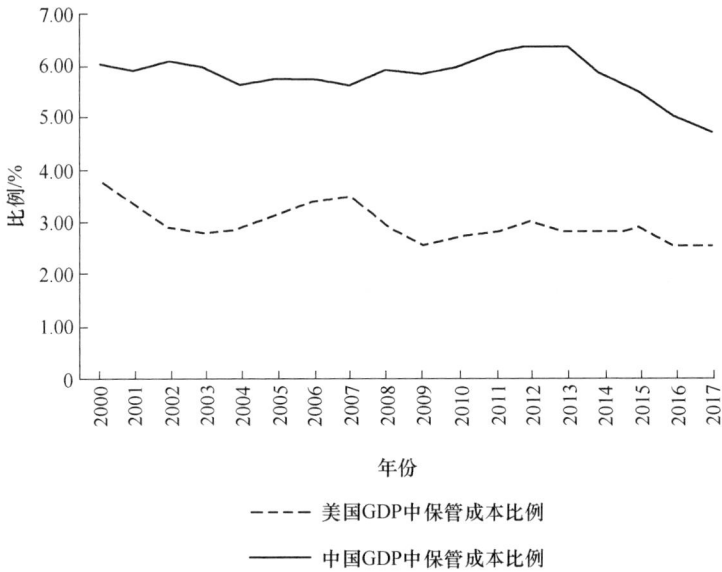

图 2-3   中美 GDP 中保管成本比例折线图

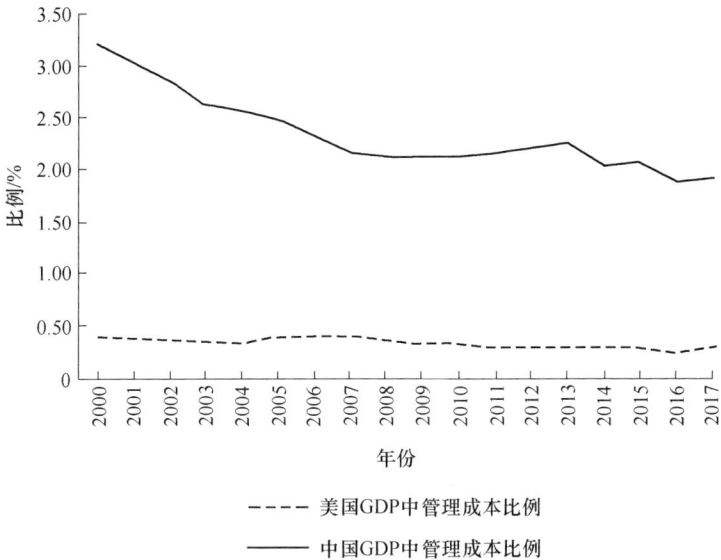

图 2-4   中美 GDP 中管理成本比例折线图

2.3.3   物流成本规模比较

20 世纪 90 年代美国社会物流成本占 GDP 的比重大体保持在 10%~11%之间。进入 21 世纪，美国社会物流成本占 GDP 的比重下降至 9%左右，2009 年降至 7.71%（见表 2-2）。2002 年至 2007 年，美国社会物流成本一直呈增长态势，2007 年美国物流成本达到 13790 亿美元的历史峰值，但占 GDP 比重也仅为 9.97%。美国物流成本增长幅度低于 GDP 的增长幅度，所以物流成本占 GDP 的比例在缩小，从而成为美国经济效益提升的源泉。

中国物流与采购联合会、国家统计局和国家发改委发布的社会物流统计数据表明 2000~2017 年，我国社会物流成本规模一直呈现上升趋势，但社会物流成本占 GDP 比重一直呈下降的趋势（见表 2-1），这表明我国社会物流的管理水平及效率在稳步提高。2011 年中国物流成本总额达到 84102 亿人民币，与美国同期的物流成本总额基本接近；该年度中国物流成本占 GDP 比重为 17.78%，比美国同期物流成本占 GDP 比重高出 9.28%。

导致中美社会物流成本占 GDP 比重存在巨大差异的根本性原因：

一是两国经济发展阶段存在差异，如一个国家第二产业所占比重越高，其物流成本就会越高，这是一个国家经济发展所必须经历的一个社会阶段。物流成本与第二产业中的钢铁、水泥等重工业行业有较强的相关度，如重工业产品产量越高，对经济增长的贡献率越大，那么物流成本总额也会越大，这与重工业产品本身体积大、重量大、运输及库存成本偏高等特点相吻合。2017 年中国一、二、三产业占 GDP 比重分别为 7.9%、40.5%、51.6%，而美国 2000 年一、二、三产业占 GDP 比重分别为 1.6%、24.9%、73.5%。欧美国家的发展经验表明，一个国家（或地区）随着工业结构的调整与优化，特别是信息产业、服务业的快速发展，随着重工业占国民经济比重的逐步下降，物流成本占 GDP 的比重也将会下降，即物流成本占 GDP 比重的下降与产业结构的优化是相辅相成的。

二是我国经济运行当中物流运行成本偏高，与美国在物流管理水平及效率方面存在着较大差距。这意味着中国物流成本有着很大的下降空间。

2.3.4　中美物流成本组成结构比较

中美物流成本均由运输费用、保管费用、管理费用三部分组成。自 2000 年以来，美国运输费用、管理费用占 GDP 比重保持稳定。进一步比较近 20 多年来美国社会物流成本构成数据，发现美国运输费用占 GDP 比重基本保持 5%~6% 左右，管理费用占 GDP 比重基本保持 0.4% 左右，说明运输费用、管理费用的增长与 GDP 的增长是同步的。美国保管费用占 GDP 比重基本呈下降趋势，如 2017 年保管费用占 GDP 比重较 2000 年下降了 1.22%（见表 2-2）。

由此可见，美国增长速度最快的社会物流成本是运输成本，而增长速度最慢的是保管成本。美国物流成本中保管费用占 GDP 比重的下降，提高了整个社会库存的周转速度，这是美国近十几年来社会物流成本增速低于 GDP 增速的最主要因素，也是美国发展现代物流业取得的突出成绩，这说明社会物流业的利润源泉主要集中在社会库存的有效控制与降低。

中国社会物流成本中，运输费用占 GDP 比重基本呈下降态势，如 2000~2006 年运输费，用占 GDP 比重基本在 10% 左右，最低为 9.72% （见表 2-1）；2007~2017 年，运输费用占 GDP 比重多在 10% 以下，仅 2008 年超过了 10%。2017 年运输费用占 GDP 比重比 2000 年下降了 2.17%。总体看中国运输费用占 GDP 比重平均值比美国高出 4.15%。中国保管费用占 GDP 比重保持在 5%~6% 左右，但自 2008 年起，该指标改变了 2003 年至 2007 年连续下降的趋势，呈现出不断上涨的态势，如 2012 年保管费用占 GDP 比重比最低年份（2004 年）上涨了 0.74%，2012 年后，又呈现不断下降的趋势，这得益于物流模式的创新、物流技术的改进以及物流组织管理水平的上升。

近五年中国保管费用占 GDP 比重平均值比美国高出 2.74%，而且有进一步拉大的趋势。总体看中国保管费用占 GDP 比重平均值比美国高出 2.87%，而且近四年有进一步拉大的趋势。中国社会物流成本中管理费用占 GDP 比重基本呈下降态势，如 2000~2002 年管理费用占 GDP 比重基本在 2.8% 以上，2003~2006 年管理费用占 GDP 比重基本在 2.4%~2.9% 之间，2007~2012 年管理费用占 GDP 比重基本在 2.2% 左右，2013 年至 2017 年管理费用占 GDP 比重基本在 2.04% 左右。2017 年管理费用占 GDP 比重较 2000 年下降了 1.28%。近五年中国管理费用占 GDP 比重平均值依然比美国高出 1.77%。

在我国的物流物流成本中，运输费用、保管费用、管理费用占 GDP 的比重远高于美国，这说明我国物流体系中存在不足：一是物流运输成本较高；二是库存周转速度较慢，资金占用较大；三是物流体系建设、物流管理水平存在欠缺。这也提示降低我国物流成本的重要突破口是降低运输成本与保管成本。

2.4　贵州周边省市物流成本对比分析

随着社会经济和电子商务的发展，现代物流对贵州省的经济增长贡献率越来越高，近年来，贵州省社会物流需求总额持续上升，带动了物流业的持续扩张，物流发展空间越来越大，现代物流发展的动力与内在需求已初步形成，全省目前已初步形成了围绕产地和销地的矿产、农副特色产品、烟草、白酒、无公害果蔬等一批规模化产销组织体系。对贵州省以及周边省份物流成本的调查分析时发现贵州省现代物流存在的问题并提出合理化建议降低物流成本、提高物流效率。

为了调查贵州省物流成本的现状并与周边各省进行对比分析，通过查阅 2012~2017 年我国各省 GDP 的情况以及历年《中国物流年鉴》，并主要针对贵州、四川、湖南、广西、云南等省份进行调查分析，就能够多方位、多渠道了解各省物流成本的现状，反映各物流成本对各省份影响的客观事实。

如图 2-5 所示，2012~2016 年，贵州省以及周边省份社会物流总成本呈逐年上升的趋势，且增长速度也相差不大。其中贵州省的社会物流成本最低，四川省的最高。

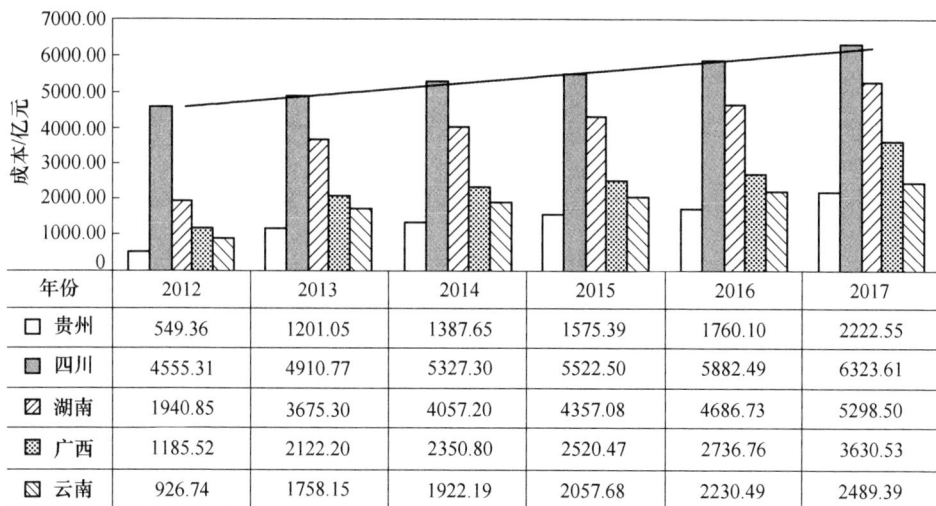

年份	2012	2013	2014	2015	2016	2017
□ 贵州	549.36	1201.05	1387.65	1575.39	1760.10	2222.55
■ 四川	4555.31	4910.77	5327.30	5522.50	5882.49	6323.61
▨ 湖南	1940.85	3675.30	4057.20	4357.08	4686.73	5298.50
▩ 广西	1185.52	2122.20	2350.80	2520.47	2736.76	3630.53
▧ 云南	926.74	1758.15	1922.19	2057.68	2230.49	2489.39

图 2-5 2012~2017 年贵州省与周边省份物流总成本

如图 2-6 所示，至 2017 年，贵州省物流成本达到了 2222.55 亿元❶，而就全国而言，贵州省所占全国物流成本比重微乎其微。物流成本的上涨，一方面是贵州省 GDP 在逐年提高；另一方面，是由于一些物流企业缺乏严格规范的管理、缺少物流专业人才等原因导致的。

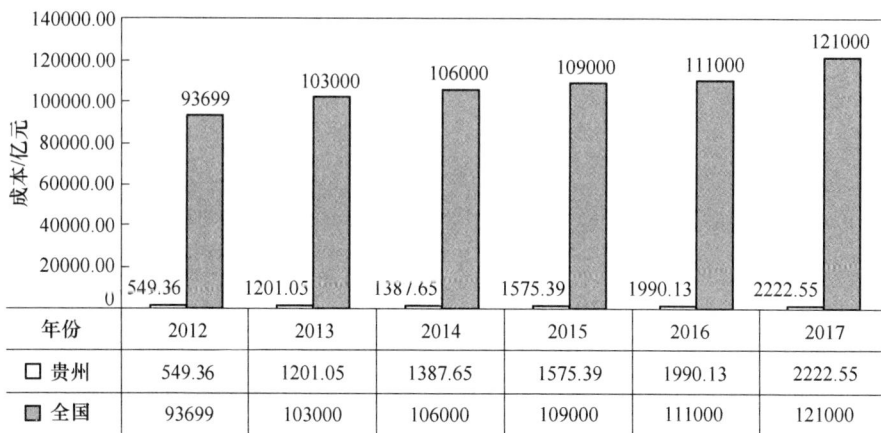

年份	2012	2013	2014	2015	2016	2017
□ 贵州	549.36	1201.05	1387.65	1575.39	1990.13	2222.55
■ 全国	93699	103000	106000	109000	111000	121000

图 2-6 2012~2017 年贵州省与全国物流成本

---

❶ 据贵州省物流行业协会公布数据。

3 贵州省物流业发展现状分析

3.1 物流业基本运行状况

物流业的硬件环境不断改善，物流业发展的政策环境、投资环境更加有利，信息化水平得到了大幅度提升，物流总量规模不断扩大，物流业呈现出良好发展势头。贵州省经济的快速发展，带动了物流企业的成长壮大，初步形成了一定的产业规模，为现代物流业的发展打下了的基础，一些综合实力较强的物流企业开始出现。目前，仅贵阳市登记注册的物流企业已达上千家，年收入超过亿元的物流企业有 5 家，初步形成了以穗黔物流、山水物流、商储物流为代表的第三方物流企业，贵阳物流业已从单一基础物流向化工品物流、日用消费品物流、农资物流、烟草物流和装备制造业等综合型物流转变。另外，不少中外知名物流公司纷纷在贵阳成立相应机构不断拓展物流市场，如联邦快递、宅急送、中国外运等。

经济方式的转变，造成了通过改造传统国有运输、仓储企业，发展民营物流企业，以及实现生产流通企业物流社会化等现象的出现，专业化物流企业逐步发展，物流市场需求不断增大。现代物流业已经起步，在一些物流集散地和专业部门，已涌现出一些现代物流的雏形，如药品物流配送、邮政物流配送、大型商场的物流配送等。一些物流企业物流设施条件有了较大改善，技术装备、管理水平和服务能力等都有了较大提高。

2017 年，全省物流总费用约 2222.55 亿元❶，其中，运输费用 1122.83 亿元，占物流总费用比重 50.52%，同比增长 3.1 个百分点；保管费用 783.45 亿元，占流总费用比重 35.25%，同比回落 1.5 个百分点；管理费用 316.27 亿元，占流总费用比重 14.23%，同比回落 1.5 个百分点。物流业增加值预计完成 1270 亿元，同比增长 10.8%，占第三产业比重 24.2%，同比下降 0.2 个百分点，占全省 GDP 的 10.8%，同比下降 0.2 个百分点。贵州省工业企业物流费用下降到 9.9%，批发零售企业物流费用率下降到 8.6%，分别比高于全国平均水平 1.2 和 1.1 个百分点，与周边省份平均水平相当。

总的来看，全省物流业增加值增速有所回落，社会物流总费用与 GDP 的比率有所下降，物流产业进入了增速换挡和发展转型的关键时期。煤炭、钢材、工

---

❶ 据贵州省物流行业协会公布数据。

业品等大宗物资需求放缓,公路、航空、水运货运量和货物周转量基本保持平稳增长状态。2017 年由于实体经济物流需求放缓,以及受季节性因素影响,全省物流业务量、就业和价格出现较大回落。根据对样本企业的调研表明,2017 年重点企业普遍出现业绩下滑或微增现象,企业经营压力加大。从后期走势看,随着进入新的生产建设周期以及消费需求持续扩大,业务活动预期逐步回暖。

3.2 物流需求现状

随着贵州省经济社会的快速发展,物流需求规模显著增大。

3.2.1 货物运输总量、货物周转量

近年来,贵州省物流总量保持中高速平稳增长态势,具体见表 3-1。

表 3-1 2011~2017 年贵州省物流量各项指标

指 标	2011 年	2012 年	2013 年	2014 年	2015 年	2016 年	2017 年
货物运输总量/万吨	44890	52765	72700	85673	91578	87667	94627
铁路运输量/万吨	7219	6665	6458	6319	5736	3776	3664
公路运输量/万吨	36684	45000	65100	78017	84369	82237	89298
水路运输量/万吨	987	1100	1142	1337	1473	1654	1665
货物周转量/亿吨·千米	1060.69	1177.78	1292.11	1442.24	1392.51	1376.56	1544.52
铁路周转量/亿吨·千米	696.36	693.68	655.85	634.35	458.25	460.96	490.87
公路周转量/亿吨·千米	350.10	467.60	610.64	776.95	897.10	873.23	1008.58
水路/亿吨·千米	14.23	16.50	25.62	30.94	37.15	42.37	45.07
民航货邮吞吐量/万吨	6.93	7.97	7.76	8.31	8.96	9.86	10.70
快递业务量/万件	1533.90	1800.98	2931.23	4669.09	7034.25	11260.13	15781.90
快递业务收入/亿元	3.66	4.04	6.03	9.82	13.24	21.79	31.15

注:数据来源于 2011~2017 年《贵州省国民经济和社会发展统计公报》、2011~2017 年《贵州省邮政行业发展统计公报》以及《贵州省统计年鉴》。

2017 年全省货物运输总量、货物周转量分别为 94627 万吨、1544.52 亿吨·千米,分别比上年增长 7.94% 和 12.2%。其中,公路货物运输量、周转量分别为 89298 万吨和 1008.58 亿吨·千米,占全省货物运输量、周转量的比重为 94.4%

和 65.3%，分别比上年增长 8.59% 和 15.50%。2017 年全省民航货邮吞吐量稳步增长，民航货邮吞吐量 10.70 万吨，比上年增长 8.52%。快递业务增速尤为突出，2017 年快递业务量 15781.90 万件，比上年增长 40.16%。快递业务收入 31.15 亿元，增长 42.96%。

3.2.2 交通运输、仓储和邮电业增加值

近年来，贵州全省交通运输、仓储和邮电业增加值平稳增长，在地区生产总值中地位日益提升，具体如图 3-1 所示。

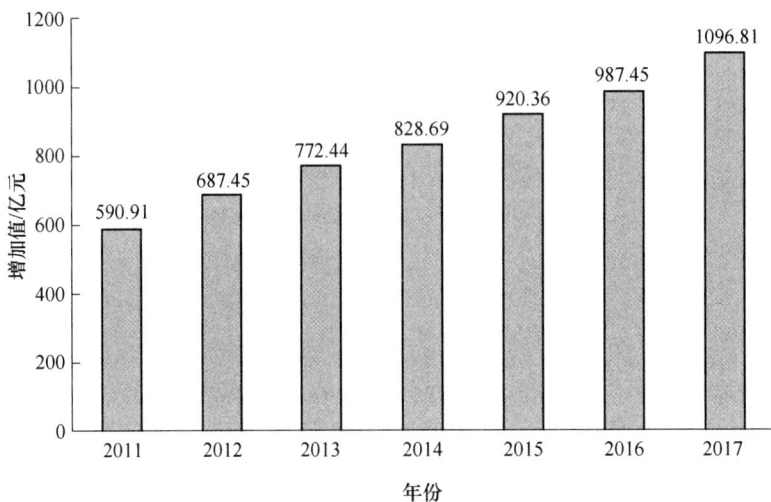

图 3-1   2011~2017 年贵州全省交通运输、仓储和邮电业增加值
（注：数据来源于 2011~2017《贵州省国民经济和社会发展统计公报》）

2017 年贵州全省交通运输、仓储和邮电业增加值达到 1096.816 亿元，同比增长 11.07%，占全省生产总值的比例为 8.1%。物流行业规模不断提升。

3.2.3 货物生成密度逐步递减

货物生成密度是指一定时期内货运量与同期国内生产总值的比例，反映单位国内生产总值所产生的货运需求。2011~2017 年贵州省的货物生成密度如图 3-2 所示。

图 3-2 显示，近三年全国和贵州省货物生成密度都呈现递减趋势，虽然贵州货物生成密度高于全国平均水平，但该指标也在逐年减小，这在一定程度上表明贵州省经济增长已逐步由粗放型向集约型转变，货运品类也开始由高强度低附加值的"重量型"向低强度高附加值的"质量型"转化。

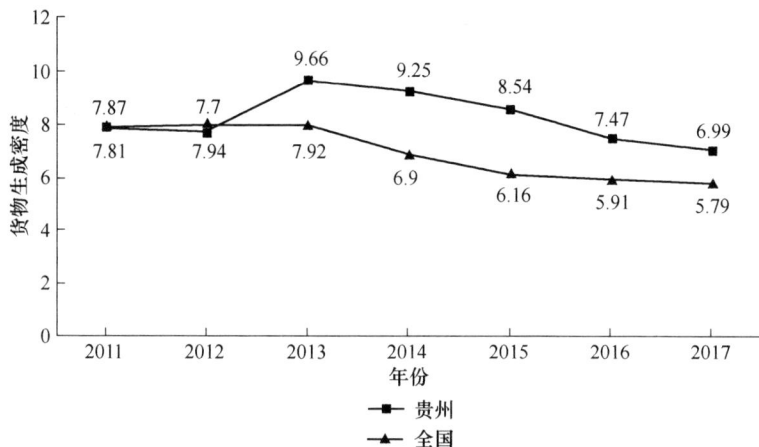

图 3-2　2011~2017 年全国及贵州货物生成密度

（注：相关数据根据 2011~2017《贵州省国民经济和社会发展统计公报》计算得出）

3.2.4　消费物流需求平稳增长

近年来贵州社会消费品零售总额保持平稳增长，年均增长率在 14% 以上，消费拉动型经济模式初步形成，为贵州物流行业尤其是城市配送业务发展奠定了坚实的基础。如图 3-3 所示。

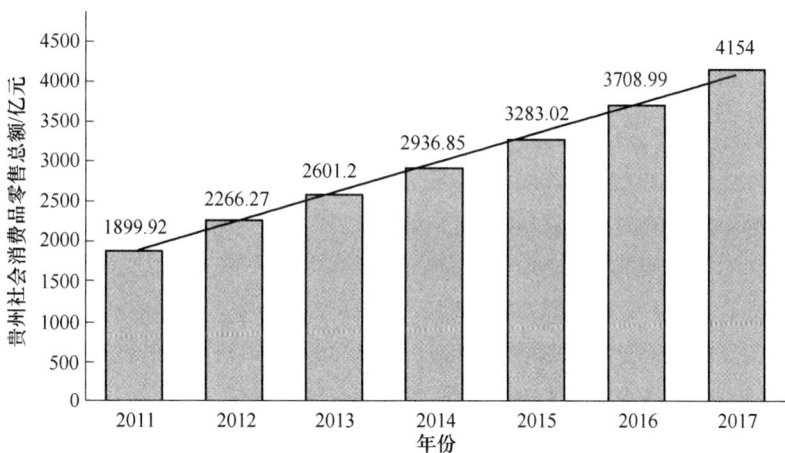

图 3-3　2011~2017 年贵州社会消费品零售总额

（注：数据来源于 2011~2017《贵州省国民经济和社会发展统计公报》）

3.2.5　国际物流需求增长迅速

近年来贵州进出口贸易总额保持较快增长，年均增长率在 30% 以上，对外贸易拉动了国际物流需求的迅速增长，给贵州国际物流业务的发展提供了日益广阔的市场空间与发展机遇。如图 3-4 所示。

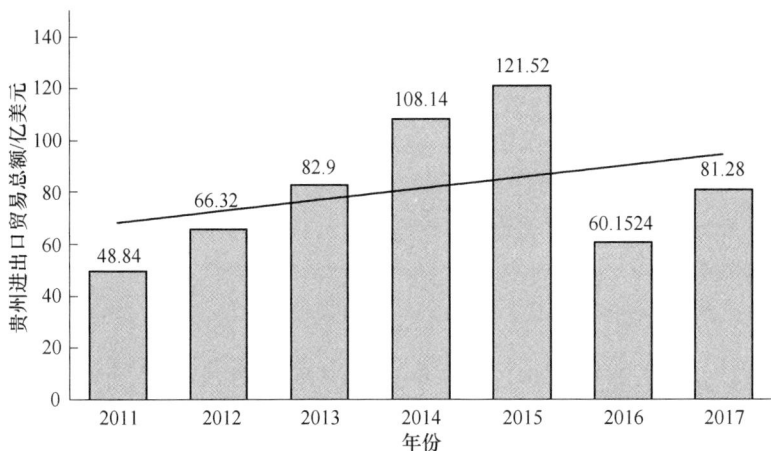

图 3-4　2011~2017 年贵州进出口贸易总额

（注：数据来源于 2011~2017 年《贵州省国民经济和社会发展统计公报》）

3.2.6　电商物流需求井喷式增长

近年来电子商务发展异常迅速，拉动了贵州快递行业的井喷式增长，近五年来快递行业业务量始终保持 48.4% 以上的年均增长率，呈现出指数型增长模式，给贵州快递物流的发展提供了巨大的发展机会。如图 3-5 所示。

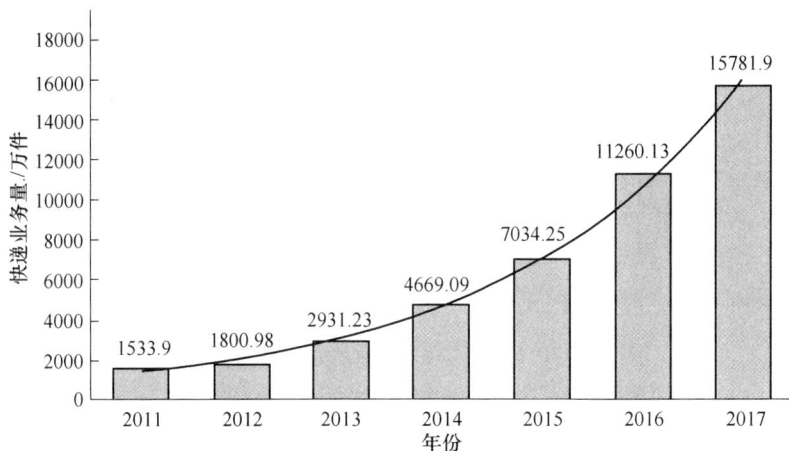

图 3-5　2011~2017 年贵州快递业务量变化

（注：数据来源于 2011~2017 年《贵州省邮政行业发展统计公报》）

3.3 物流基础设施建设

3.3.1 交通基础设施建设

"十二五"期间，全省大力实施"六横七纵八联四环线"高速公路网络规划，全面建成国家高速公路网规划中的厦蓉、杭瑞、汕昆高速公路的省内路网。2017 年末全省公路通车里程 194400km，其中高速公路通车里程 5834.50km，高速公路出省通道增至 16 个，高速公路密度达到 2.9 千米/百平方千米，基本实现 88 个县（市、区）的"县县通高速"，高速公路网已经基本形成。

铁路方面，作为中国西南铁路枢纽，贵州省以贵阳为中心，黔桂铁路、川黔铁路、贵昆铁路、湘黔铁路四条铁路干线贯穿其中。2014 年随着贵广高铁和沪昆高铁建成通车，贵州铁路交通逐步迈入"高铁时代"，2017 年末贵州铁路里程 3037km，其中高速铁路通车里程 701km，铁路出省通道增至 12 个，连同公路，贵州在西南地区的陆路交通枢纽地位进一步巩固。

水路方面，贵州地处中国长江、珠江流域上游，长度 100km 的河流有 33 条。2017 年末全省内河航道里程 3661km，高等级航道 690km，300t 以上码头泊位达到 87 个。

航空方面，全省已有贵阳龙洞堡、遵义新舟、铜仁凤凰、兴义、黎平、荔波、安顺、毕节、黄平、六盘水等 10 个机场通航，形成"一干九支"格局；随着仁怀、黔北、威宁、罗甸、雷山、盘州与织金等 7 个支线机场的建成，贵州将形成"一干十六支"的干支联动航空运输格局；近五年来航线网络逐步完善，2017 年底贵阳龙洞堡机场共开通 106 条航线，其中国内航线 90 条，国际及地区航线 16 条，贵阳机场通航城市增至 81 个。

以上情况表明，"十二五"期间贵州交通基础设施取得了跨越式进步，在此期间取得的一系列巨大成就将为未来物流业发展奠定坚实的基础。

3.3.2 物流园区建设

"十二五"期间，开放式思维得到深入贯彻，在投融资和开发建设模式创新的双重支持下，贵州省物流园区建设加快提速，初步调查统计下来，在建、已建和规划中的物流园区、物流中心从 2010 年的 29 个增至目前的 88 个❶，增幅超过 200%，总投资额超过 1000 亿元。其中贵阳 13 个，安顺 6 个，黔东南 5 个，黔西南 14 个，黔南 4 个，铜仁 10 个，遵义 14 个，六盘水 14 个，毕节 8 个。

目前贵州物流园区平均占地 2000 亩（1 亩 = 666.67m²）以上，平均投资在

---

❶ 据贵州物流行业协会调查统计数据。

10 亿元以上，平均投资强度在 50 万/亩以上。

各级政府主导投资的同时积极拓宽物流项目的融资渠道，加大物流园区基础设施建设，物流园区（中心）建设速度加快，专业化服务能力快速提升。如聚焦于农副产品的石板物流园、都匀农产品物流园和双龙物流商贸城，服务于汽车商贸的孟关汽车城，专业冷链物流服务的贵阳云关冷链物流园，汇集快递企业的贵州龙里快递物流园，智慧公路港模式的贵阳遵义传化物流园，提供保税物流服务的贵阳综合保税区和贵安综合保税区等项目已经建成并初具规模；商贸物流方面，贵阳西南国际商贸城宏泰物流园、二戈寨长和长远物流市场、扎佐物流园、桔山商贸物流园、安顺黔中商贸物流园、毕节远航商贸物流园、遵义国际商贸城一期市场、遵义新雪域农产品冷链物流园、赤水五洲国际商贸城和习水五洲国际商贸城一期市场等一大批商贸物流园区项目开业并投入运营；另外，电子商务与物流园区融合发展势头良好，以阿里巴巴为代表的电商企业入驻金清电子商务物流园，贵州"马上到"云服务、一期公路港、美安物流项目、苏宁云商贵阳地区物流中心、贵阳京东电商产业园、安顺梓涵农产品交易市场等建成并投入运营，极大提升了贵州物流产业的供给能力和供给质量。

3.4　物流企业现状

据第三次经济普查公报，全省有交通运输、仓储和邮政企业法人 2491 个，资产总计 3305.1 亿元，从业人员 114915 人。有证照个体经营户 23.6 万个，从业人员 38.62 万人。营业额 1000 万元以上的物流企业有 230 户。截至 2017 年年底，全省通过国家 A 级标准评估的物流企业 33 户，其中，5A 级 1 户、4A 级 8 户、3A 级 22 户、2A 级 2 户。

（1）物流企业类型。贵州物流企业以道路运输企业为主（占比 40% 以上），货运代理、仓储企业次之，反映了全省物流企业仍以传统物流业为主。如图 3-6 所示。

（2）物流企业人力资源状况。根据调查数据显示，大于 100 人的企业占比小于 10%，而人数在 5~10，10~20，50~100 之间的各占 20%，反映全省物流企业仍呈现典型的"小、散、乱"局面。如图 3-7 所示。

（3）物流企业网站建设情况。据抽样统计，只有 1/3 企业已建成并运行，信息化程度较低。

（4）物流企业客户类型。据抽样统计显示，批发零售占比前两位，60% 的物流企业表示客户涉足这两个领域，30% 的物流企业表示有制造领域的客户，15% 的物流企业表示有酒店、餐饮领域的客户，其他类型客户均较少。

（5）物流企业合同物流情况。合同物流比例低于 20% 的约占 1/3，合同物流比例在 20%~50% 之间的约占 1/3，同时，获得合同的来源依然以社会关系为主，

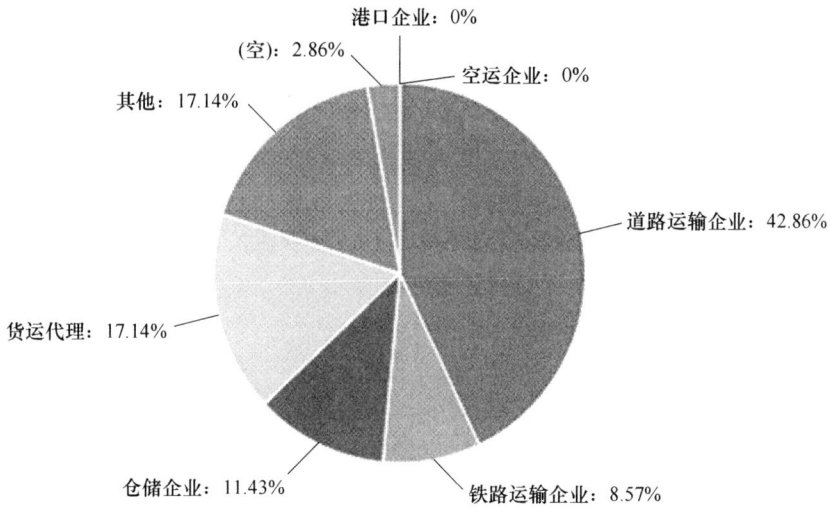

图 3-6　贵州物流企业类型

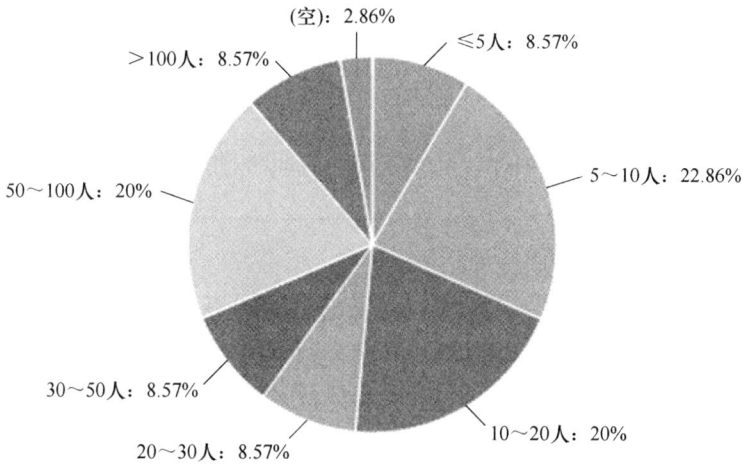

图 3-7　贵州样本物流企业就业人数

占比超过 50%，显示契约物流水平仍然较低。

（6）物流企业业务种类。全省物流企业业务仍以运输（70%以上）、仓储（50%以上）和装卸（30%以上）为主，物流金融及供应链服务等高端物流业务较少，如图 3-8 所示。另外，企业业务覆盖到全国范围的占比低于 50%。

（7）物流企业年度业务收入及税费情况。贵州省物流企业年度业务收入普遍较低，低于 50 万、50~100 万、100~500 万的比例分别达到 20%左右，还有约 15%的企业未有业务收入。约 50%的企业年度税费在 50 万以下，经营能力相对较差。具体如图 3-9、图 3-10 所示。

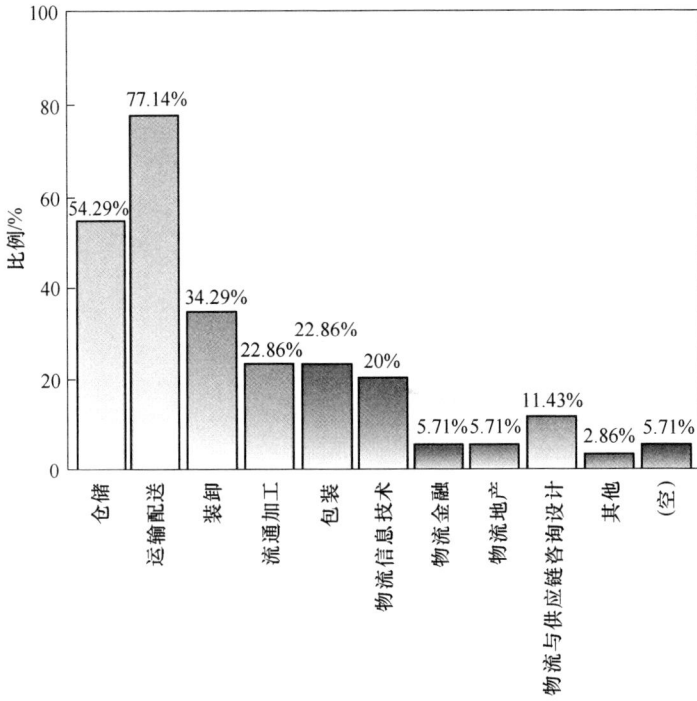

图 3-8 贵州样本物流企业开展业务

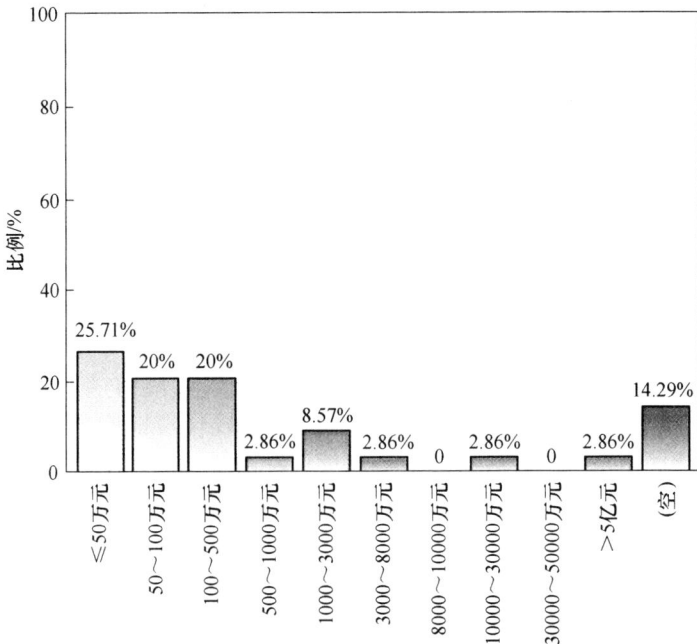

图 3-9 贵州样本物流企业 2014 年度业务收入

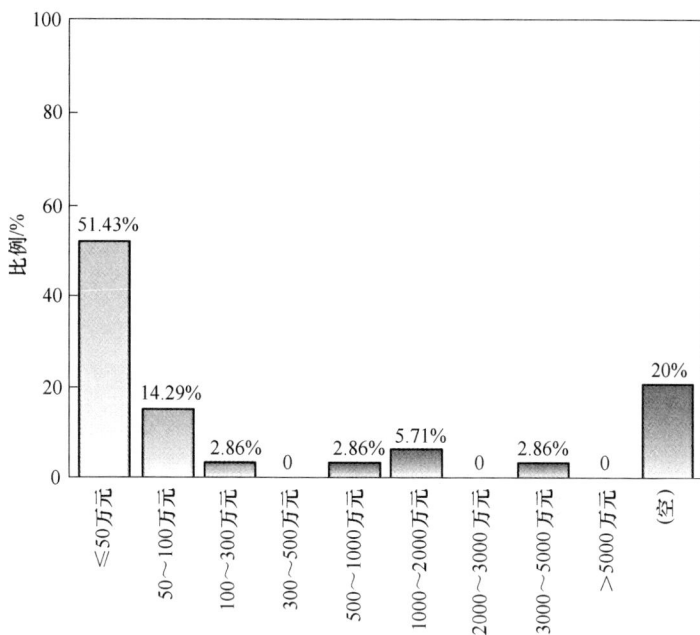

图 3-10　贵州样本物流企业 2014 年度税费

（8）物流企业装备情况。网上问卷填报数据显示，60%的企业有自建仓库，仓库利用率相对较低，如图 3-11 所示。约 75%的企业表示拥有自有车辆，车辆利用率相对较高，如图 3-12 所示，另有 70%以上的企业表示公司没有冷藏运输车辆。

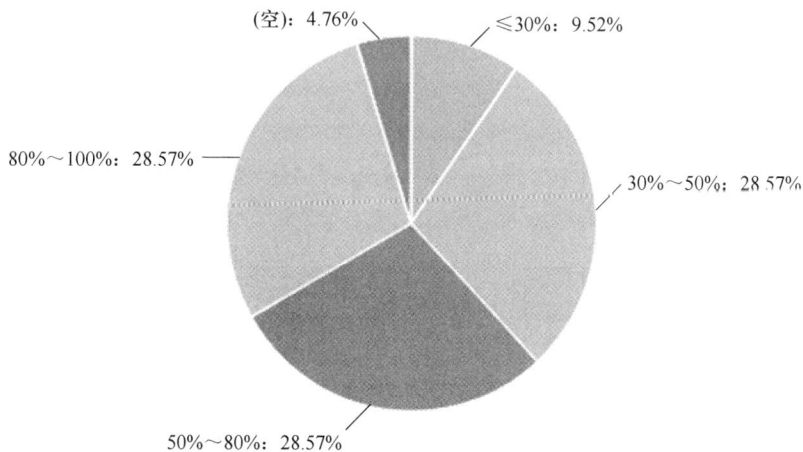

图 3-11　贵州样本物流企业仓库利用率

货品堆放仍以散堆散放为主（填报占比 65%），未实现集装，存储方式仍以

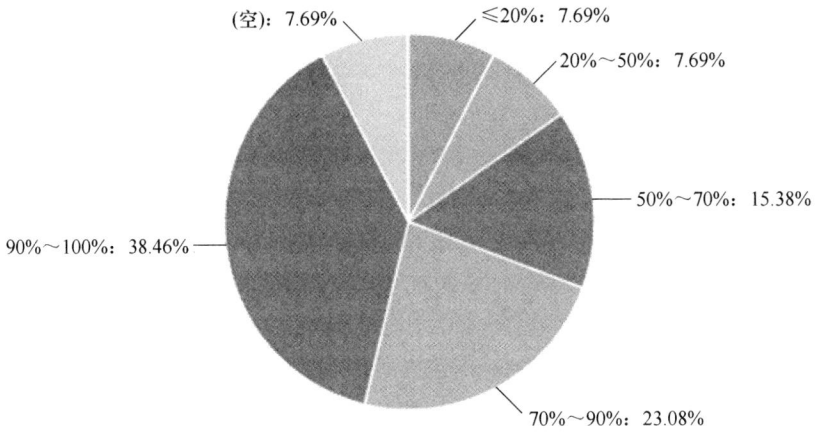

图 3-12　贵州样本物流企业自有车辆利用率

就地堆码为主（填报占比 62%），未实现货架式立体存放，搬运方式仍以人工搬运为主（填报占比 71%），采用机械搬运的以叉车搬运为主（填报占比 40%）。

（9）物流企业吸引客户的因素。网上问卷填报数据显示，企业吸引客户的因素依次为"服务有保障、服务一体化、服务价格低、离客户近"等。

（10）企业物流人才需求状况。网上问卷填报数据显示，企业紧缺物流人才如图 3-13 所示。

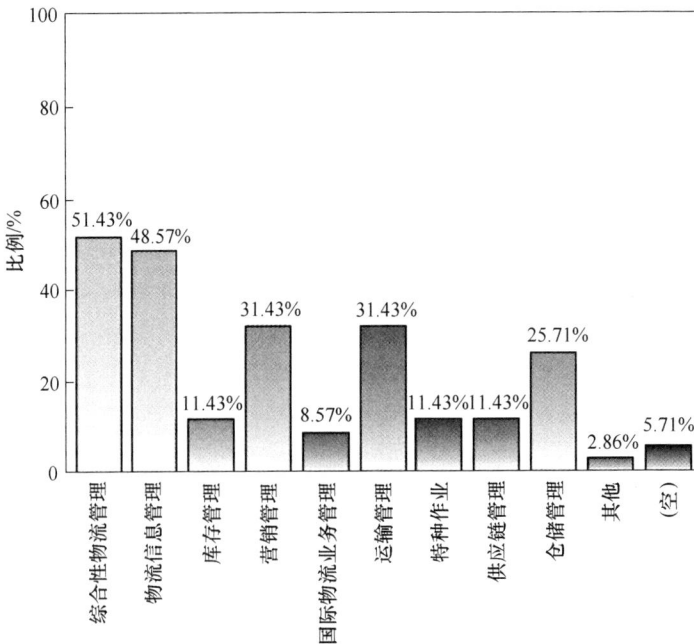

图 3-13　贵州样本物流企业紧缺物流人才类型

从图 3-13 可知，当前样本物流企业最紧缺综合性物流管理和物流信息管理方面的人才。

（11）物流企业信息化状况。贵州物流企业信息化技术应用最高的技术是 GPS（卫星定位系统），应用比例超过 50%，企业使用的信息系统中可以实现的功能按照问卷中企业的选择，由多到少依次为订单处理、客户管理、车辆监控、运输管理和仓储管理。企业信息化投资 10 万元以下填报占比 31%，10~50 万之间的填报占比 22%，投入水平相对较低。

（12）物流企业标准化工作。物流企业应用标准的比例较高（填报占比 77%），按照问卷中应用某标准的企业的比例，由多到少依次为：行业标准、国家标准、企业标准和地方标准。

近年来，贵州的大型物流企业稳步发展。贵州贵铁物流有限公司 2012 年底已经发展成为注册资金 1.086 亿元，资产总额 18.3 亿元、固定资产 3.72 亿元、实现经营 38.11 亿元、年缴税费 6228 万元，2013 年实现经营收入 39.5 亿元、年缴税费 4482 万元的大型物流企业、成为一家 5A 级物流企业、被评为中国西部百强企业。贵州商储、贵州交通物流集团、盘江运通、贵州穗黔、贵州宁铁南昆等物流企业成长为国家 4A 级物流企业。以毕节黔金叶物流、贵州恩煜祥物流为代表的国家 3A 级物流企业发展势头强劲，众多中小微物流企业也在不断地转型发展。

3.5 物流"三化"建设现状

3.5.1 信息化建设全面提速

信息化可以提升物流服务水平，降低物流成本。近年来贵州物流企业对信息化管理日益重视，信息化建设全面提速，一方面信息化建设投资逐步加大，另一方面信息技术在物流企业中的运用范围越来越广，电子数据交换系统（EDI）、管理信息系统（MIS）、卫星定位系统（GPS）、条码、射频识别技术等物流信息技术得以在物流业推广使用。以贵州商业储运、贵州现代物资物流集团、贵州灵智农业集团、贵州诚智物流、贵州道坦坦、中国外运贵州公司、贵州穗黔物流、贵州山水物流、恩煜祥物流、贵州商贸仓储、贵州长和长远物流等为代表的综合物流或专业物流企业正加紧实施信息化改造，物流企业信息化水平及新技术应用能力不断提升。

政府层面，也在积极加大公共物流信息平台和行业物流信息平台建设力度，智慧物流云、智慧交通运、电子商务云等"云上贵州"平台的加快构建，为现代物流业信息化建设提供有力支撑。由省交通运输厅牵头的省交通运输物流公共信息平台建设项目启动，此平台集物流公共信息查询系统、物流电子政务信息系统和物流电子商务信息系统一体，实现物流信息资源的共享。再比如在贵州省商务厅、省口岸办、贵阳海关、贵州省检验检疫局牵头组织、具体指导和通力协作下，依托电信运营商的云计算、物联网、大数据等技术，建设贵州电子口岸数据中心，搭建起贵州电子口岸门户网站，初步实现商务、海关、检验检疫、国税、外汇等口岸相关单位核心业务互联互通，基本实现信息数据共享，具备口岸宣传、口岸执法的功能。根据规划，到 2017 年贵州电子口岸将形成具有贵州特色的大通关、大物流、大外贸信息平台，最终实现"一次输入多次使用、一个窗口全面查询、一套系统分类服务、一处修改全线更新、一次认证全程通关"。最后，专业物流公共信息平台也在积极规划和建设中，典型代表有贵州无水港物流信息平台及货代运代管理系统等信息系统项目。

3.5.2 专业化建设稳步提升

为加快企业转型升级，提高企业物流专业化服务能力，物流企业不断加强专业能力建设。物流企业开始引进高效运输车辆、先进的仓储装卸设备和信息技术，大型货架、输送分拣系统开始在物流企业中运用，企业物流装备水平不断提高。典型如货运车辆重型化、专用化步伐进一步加快，如图 3-14 所示。"十二五"期末，全省货车平均载重吨位达到 4.31 吨/辆，较"十一五"期末增长33.7%；厢式车、集装箱车、罐车合计达到 3.67 万辆，较"十一五"期末增长5.48 倍。物流企业不断优化配送模式，建立专业配送车队，明确运营资质要求，

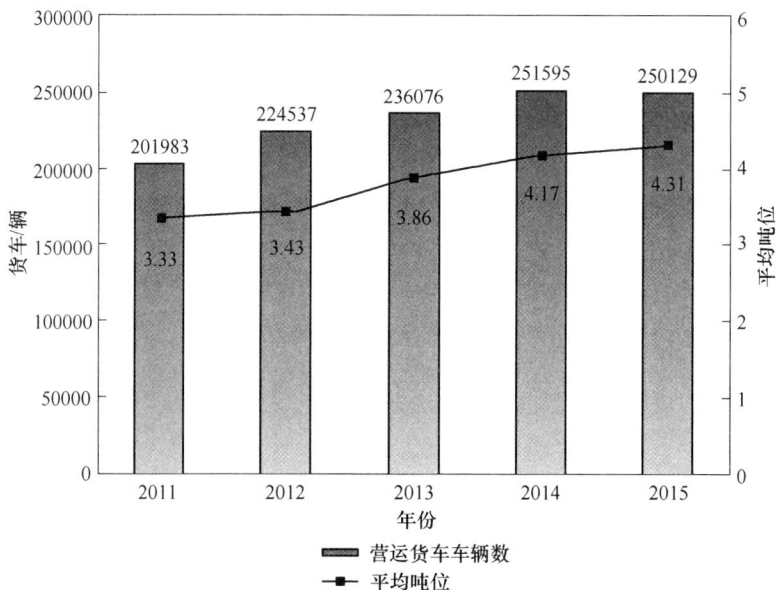

图 3-14　2011~2015 贵州营运货运车辆数量及平均吨位

（注：资料来源《贵州省道路运输"十三五"发展规划》）

合理确定车辆规模，配送效率不断提高，物流配送能力不断提升。随着专业化工作的开展，一批专业从事电子商务物流、冷链物流、快递物流、医药物流、粮食物流、家电物流等企业出现，比如贵阳万吨云关冷链物流管理有限公司和牛郎关冷链项目专业从事冷链物流业务，贵州西南现代粮食仓储物流专业从事粮食物流，安顺梓涵农产品交易市场有限公司专业从事电子商务及相关物流业务，贵州苗都现代医药物流经营有限公司和贵州康心智慧医药物流配送中心专业从事医药物流业务，贵阳黔宁苏宁物流有限公司专业从事家电物流业务。通过专业化瞄准具体的细分市场，集中资源强化专业能力建设，企业的竞争能力逐步提升。

3.5.3 标准化工作有序推进

近年来物流标准化工作开始受到企业的普遍重视，贵州物流企业开始逐步对现有仓储、转运设施和运输工具进行标准化改造，积极采用标准化、系列化、规范化的运输、仓储、装卸搬运等物流设备，物流运作的标准化程度和管理水平不断提升。为推动贵州物流标准化工作，2015 年 12 月贵州省物流技术标准化委员会成立大会在贵阳举行，该委员会是全国第一个省级物流标准化技术委员会。"十二五"期间，贵州省物流行业协会与贵州财经大学联合申报编制了《贵州省物流服务风险管理规范》和《贵州省城市配送服务规范》两个地方标准。物流标准的宣传贯彻力度不断加强，物流标准化的协调、组织和普及工作有序推进。2015 年省商务厅联合省质监局、贵州省物流标准技术委员会等相关部门推出"贵州省 2015 年物流标准化及智慧物流配送示范基地"和"贵州省 2016 年物流标准化专项行动重点项目"项目申报评选，一共确定现代医药物流配送示范基地、省级快递物流分拨示范基地等 9 项物流示范项目和国家标准托盘 1 项标准推广应用项目，同时启动贵州第三方医药物流中心验收标准、贵州省物流节点分类及等级评定和贵州农特产品物流供应链运营标准 3 项标准的编制工作。

3.6 物流经营与管理模式持续创新

在大众创新、万众创业政策的支持下，受市场需求驱动和竞争压力的推动，贵州物流行业经营与管理模式持续创新，以企业联盟为基础、"互联网+"等信息技术为手段进行物流资源与业务的整合，通过平台模式实现集约式发展已成为贵州物流发展的大趋势。

以贵州长和长远物流市场管理有限公司为例，该公司成立于 2012 年，是一家集运输、仓储、配送、物流信息与物流咨询为一体的国家 AAAA 级物流企业。"十二五"期间，该公司投资 4 亿元，创造性地采用"上仓下店"设计理念，在贵阳市二戈寨建设贵州长和长远仓储物流中心，园区功能涵盖了铁路干线运输、公路支线运输、短途城市配送、电子商务交易中心、电子商品仓储、普货仓储及配套设施，着力打造集"商流、物流、资金流、信息流"于一体的现代集约化区域物流园。目前该园区已投入使用，年货运量超过100万吨。该公司以全程供应链货源、物流网络及客户服务全功能整合为理念，聚集优质专线联盟物流企业与长远城际共配中心一起搭建"一站式"物流服务平台，实现多方订单资源吸引，共同打造货运班车运营平台，最终成为综合物流服务平台。该整合平台包括省际联盟平台、省内联盟平台、城市配送中心三个平台，以实现区域配送班车化、城市配送公交化、消费客户会员化、物流功能社区化，为客户提供优质的全程供应链物流服务。

2014年作为省政府重点招商引资项目——传化物流"公路港"项目先后入驻贵阳市和遵义市。传化物流首创中国公路物流平台模式，定位于第四方物流平台集成服务商，致力于构建全国智能公路港网络化运营体系，即通过构建线下全国公路港实体平台网络及其所配备的一体化服务体系和线上基于互联网、云计算等技术形成的信息化指挥体系，以一套平台特有的会员诚信安全交易体系为保障，服务于公路运输主体，实现车源与货源的有效对接，提升公路物流效率。同年作为贵州"大数据"战略重点招商引资的核心项目——贵阳货车帮科技有限公司将在贵阳国家级经济开发区小孟工业园建设国内首个智能车联网产业园，占地280亩（1亩=666.67m²）。贵阳货车帮科技有限公司是国内公路物流信息化的领跑者，是中国最大的公路物流互联网公司，该公司致力于公路物流信息服务、重构中国公路物流产业生态。综上，两家带有互联网思维、运用物流大数据的相关企业相继落地贵州，对贵州行业经营模式创新、降低物流成本、激活区域物流活力、提高城市管理水平、加快物流产业发展具有重大而深远的意义。

3.7 物流行业管理和自律逐步规范

（1）加强物流行业管理的规范化，一直都是物流行业发展中的重要一环。随着石板农产品物流园、贵州"马上到"公路物流港、西南国际商贸城宏泰物流园、贵阳改貌物流园等一批物流园区的建成，原来分散的中、小物流服务主体陆续迁入园区，行业的集中度逐步提高为行业实施规范化管理提供了条件。而越来越多的相关物流法律法规、管理条例和行业标准的出台，为物流行业规范化管理提供了依据。如2012年修订及出台的《中华人民共和国道路运输条例》和《快递市场管理办法》为维护道路运输和快递市场秩序，保障道路运输和快递业务安全，保护道路运输和快递业务有关各方当事人的合法权益，促进物流行业的健康发展提供了规范的法律法规依据。

（2）由于物流行业涉及港口、仓储、运输等业务，物流行业发展需要土地、财税、金融等相关领域的支持，因此在物流行业管理上具有一定的跨部门特性，其管理职能分散于发改、交通、商务、海关、邮政、民航、国土等多个部门。为统筹物流行业发展，2015年由贵州省商务厅、省发改委、省交通运输厅、省邮政管理局、省物流协会、省质监局、省物流标准化委员会等部门联合组成的省物流行业发展联席会议组织正式设立，该组织旨在研究处理全省商贸物流业发展的重大事项，研究制定商贸物流业发展的政策措施，总结和推广成功经验，及时协调解决物流业发展中的重点难点问题，指导、督促、检查各地、各部门相关的物流政策和任务落实完成情况。

（3）成立于2012年的贵州省物流行业协会充当着物流企业和政府管理部门的中间桥梁作用，通过提供物流法规政策咨询、整合资源对外合作交流、物流行业信息发布、研究制订物流标准、物流市场调研、物流教育培训、法律维权咨询、融资保险、A级物流企业评估、会员联谊交流合作等服务推动贵州物流行业合作，促进行业自律，帮助政府把握物流行业发展动态，落实各项行业发展政策和管理规范。近年来协会各项工作有序开展，硕果累累。由协会主导推动的A级物流企业评估工作自开展以来，已先后有28家贵州省物流企业通过评估（其中5A企业1家，4A企业6家，3A企业19家，2A企业2家），通过以评促建，进一步提升企业品牌建设意识，引导企业转型升级。近年来贵州省物流行业协会培训中心组织开展了高级物流师、中级物流师培训工作，据不完全统计，先后有1200人通过培训认证。由协会牵头组织完成了《贵州省物流服务风险管理规范》和《贵州省城市配送服务规范》两项物流地方标准的研究和编制工作，受商务厅委托研究制订《贵州省商贸物流"十三五"发展规划》也已通过评审。

3.8 物流政策环境持续改善

近年来物流政策环境持续改善，为贵州物流行业的发展提供了良好的环境。一方面，中央政府针对物流的发展提出了一系列更有针对性和建设性的发展政策和指导意见。《物流业发展中长期规划（2014～2020年）》（国发〔2014〕42号）明确要求各省、自治区、直辖市人民政府，国务院各部委、各直属机构加快发展现代物流业，以促进产业结构调整、转变发展方式、提高国民经济竞争力和生态文明建设。《商务部关于促进商贸物流发展的实施意见》（商流通函〔2014〕790号）明确要求各级商务主管部门高度重视商贸物流发展，深入扎实开展工作，努力使商贸物流成为内贸工作"上台阶"的突破口。2015年《国务院关于积极推进"互联网+"行动的指导意见》出台后，商务部出台了《关于智慧物流配送体系建设实施方案的通知》（商办流通函〔2015〕548号），国务院办公厅出台了《关于深入实施"互联网+流通"行动计划的意见》（国办发〔2016〕24），在全国安排部署"互联网+流通"行动计划，安排部署各项智慧物流体系建设与试点工作，全面吹响智慧物流建设号角。

另一方面，省委省政府、省发改委和省商务厅等部门顺应物流行业发展趋势配套出台各项鼓励与支持政策完善物流发展环境。《贵州省关于加快发展电子商务的指导意见》（黔商发〔2013〕367号）、《贵州省人民政府关于加快商贸流通业改革发展的意见》（黔府发〔2014〕10号）、《贵州省现代物流业发展规划（2012-2020年）》《贵州省关于进一步加快商贸物流发展做好配送工作的指导意见》（黔商发〔2015〕325号）、《省人民政府办公厅关于加快发展现代物流业的若干意见》（黔府办发〔2015〕3号）、《关于印发降低企业物流成本的若干措施的通知》（黔发改经贸〔2016〕313号）等相关政策规划的出台，更进一步明确了本省物流的发展目标、改革思路、发展任务与具体的落实措施等；各市（州）、县结合地方经济及物流发展实际情况，也陆续出台了推进当地物流行业发展的具体政策措施。

以上政策措施、规划意见明确提出支持贵阳建设物流区域性节点城市；鼓励贵阳、安顺联动发展，促进贵阳、安顺空港物流发展，打造西南地区重要的现代物流中心；鼓励遵义建设区域性现代贸易物流枢纽，形成黔北区域生产性服务业集聚区；支持毕节发展以能矿资源产品为主的物流产业，打造川滇黔三省结合部的重要物流中心；推动都匀、凯里重点发展以特色农产品为主的现代物流，形成西南地区连接华南、华中地区的重要现代商贸物流枢纽等。

3.9　物流业发展中存在的主要问题

3.9.1　基础设施自成体系，协同效能难易发挥

近年，贵州铁路、公路、水路和民航建设进程加快，铁路网、高速公路网、内河航道网和民用机场布局基本形成。但是，受部门、行业条块分割和封锁割据影响，交通基础设施间的互通互联较弱，各种运输方式之间难以有效衔接和协调，综合交通运输体系整体效能有待发挥。由于基础设施、运输装备、运营组织、信息平台法规制度、体制机制等的一系列的问题，反映多种运输方式协调发展的多式联运占货运量比例较低。此外，物流园区与区域交界发展不匹配、同质化现象严重，特别是与综合交通运输体系缺乏有效衔接。部分物流园区布局不合理，设计不科学，不能充分发挥资源集聚和区域辐射的整合作用。物流园区节点设施之间缺乏联系互动，业务合作不充分，物流节点网络尚未形成。

3.9.2　物流园区重复性建设导致产能过剩

调研数据显示，全省规划建设物流园区88个，平均每个市（州）9~10个，但物流园区布局不尽合理，部分地区物流项目重复性建设、产能过剩问题突出。大多数物流园区依行政区划规划布局，对物流园区实际区位功能、支撑支柱产业等考虑不多、结合不够，"千园一面"，物流园区类型、数量和层次等方面未与

当地经济社会状况匹配，重复招商盲目求大，同质化现象严重。物流园区发展无较好盈利模式，功能物流园区中商贸市场、物流地产比重偏大，甚至以物流园区名义圈地，用低价物流用地做高价值的住宅地产、商业地产开发，真正物流用地比例偏低。同时，一些产业区域、重要节点城市，缺乏相适应相配套的物流园区、货场等支撑性物流基础设施，铁路货场不能满足实际需求，现有公路货场和水运码头功能大多不够完善。铁路、公路、水运、航空各自为政，都在各自的站点进行物流中转，站点之间关联度低，基本处于脱节状态，多式联运占比低下。

3.9.3 市场环境严峻，企业经营仍然困难

在政府和行业的指导和监管下，贵州省物流"小、散、弱"格局有所改善，但物流市场分散、秩序混乱并没有根本改变，物流市场环境依然严峻。不正当竞争、诚信体系缺失等问题依然存在，资金短缺、人才短缺问题难以缓解，创新驱动内生机制尚未建立，企业经营压力持续加大。与此同时，国家支持物流业发展的政策落实力度不够，物流企业税负重、收费高、行路难等问题还没有实质性改善，物流企业经营仍然困难。物流市场急需借助先进技术、设施设备和信息化手段，通过物流集约化组织模式的不断创新，市场集中度的不断提高，进一步规范物流市场竞争秩序。

3.9.3.1 行业集中度低

根据有关资料初步测算，目前贵州省物流行业市场集中度小于20%，属于典型的分散竞争型格局。一方面，这种格局的竞争充分有利于降低物流成本、提升物流服务水平，但过度分散的市场局面不利于行业资源整合，不利于新技术装备的运用和信息化改造，容易引起过度竞争，行业抗风险能力低，最终将对行业的可持续发展形成严重的威胁。另一方面，物流企业地理分布较为分散，除贵阳、遵义等一些大城市有相对集中的物流园区支撑行业集聚发展外，其他县级甚至某些地州市物流企业的分布多以某条街道为主沿街分布，无集中经营的物流市场，这些物流企业多为个体户或小货运部，物流效率十分低下。

3.9.3.2 物流运价混乱

"物流热"和低门槛造成众多资源涌入物流市场，由于全省进出货物运量严重失衡再加上近年来经济发展速度下降、传统煤炭钢材等产品物流业务严重下滑导致全省货运市场运力远大于运量需求，车辆闲置率高达50%，物流企业尤其是公路运输企业间同质化竞争严重，"价格战"导致物流企业收入下降，企业在微利或亏损中艰难挣扎。然而有的垄断部门却从自身利益出发，连续提高基础运价，造成生产制造企业、进出口企业物流成本大增，利润空间大幅压缩。如铁路

运价连年提高，每吨每千米增加 0.012~0.015 元，开阳磷矿、瓮福磷矿成本增加，利润转移 2 亿多元。

3.9.3.3 物流市场竞争无序，诚信体系缺失

相对于发达省份贵州物流业发展起步晚，门槛低，小微企业占比大，市场主体庞杂，市场竞争缺乏相应的规范。部分物流企业尤其是小微企业或个体运输户靠占道经营、乱停乱放、恶性压价、价格欺诈、拉关系走后门、欺行霸市等手段展开竞争，严重扰乱市场秩序。一些企业靠低价抢到货源后又通过违法超载、套牌车等违法违规手段来经营，既扰乱了物流市场，又影响了道路运输安全。物流市场无序竞争、恶意欺诈、诚信体系缺失、代收货款卷款潜逃、快递单号信息泄露、快件野蛮分拣等问题屡有发生，因物流业务引起的法律纠纷越来越多，严重损害了整个行业的对外形象。

3.9.4 物流企业负担重，普遍缺乏核心竞争力

目前贵州物流企业负担仍然偏重。一是物流用地价格偏高，随着贵州城镇化速度加快，城市扩容改造，原有物流用地急剧收缩，而新增物流用地难以保障。由于城市规划工作中缺乏科学的物流配套规划，造成物流用地资源稀缺，土地供应难以保障，征地阻力日益加大，想通过工业用地价格获取物流用地难度巨大。二是以民营、中小微物流企业为主的市场格局又造成物流企业融资难度较大，融资成本偏高。三是税负偏重。2012 年开始实施的"营改增"本意为物流企业发展减轻负担，但由于认识不足、准备不足，交通运输业税负不降反增问题突出。造成这一问题的主要原因是税率偏高和抵扣不足。一是"货物运输服务"增值税率从 3% 的营业税税率调整为 11% 的增值税税率，上调幅度过大。二是可抵扣进项税额偏少。在"货物运输服务"中，燃油、修理费等可抵扣进项税的成本所占比重不足 40%，有些环节很难取得增值税专用发票，实际进入进项税额抵扣的比例更低。此外，存量固定资产不能抵扣，人力资本、路桥费、房屋租金、保险费等主要成本均不在抵扣范围。最后，人力成本上升、交通乱罚款乱收费问题依然存在，造成贵州省物流企业发展负担较重。

贵州"小、少、弱、散、乱"的物流业整体格局尚未根本改变，业内企业竞争力普遍不足。2015 年，全省道路运输企业 16.52 万户，其中拥有 50 辆车以上的仅 301 户，获得国家 5A、4A、3A 级物流企业分别只有 1、6、19 家。物流企业良莠不齐，部分企业实质上只有一个管理机构、一套桌椅、一部电话、一台电脑，租间场地即展开经营，自身只有几辆车甚至无车，大多仅为私人挂靠，企业主要负责为挂靠车辆组织货源、代结算货款等，辐射能力有限，服务范围较窄，很多企业局限于从甲地到乙地单一固定的货物运输。总体上看，相对于发达

省份，本省物流业发展起步晚，门槛低，小微企业占比大，民营物流企业占据了较大比重，市场竞争力偏弱。大部分物流企业仍以散堆散放、就地堆码、人工搬运等较落后的设备技术运作，即便在信息化方面增加投入，也大多仅限于条码、车辆定位等必要应用，应用物流标准的企业比例较低，以信息化、专业化、标准化为主题的"三化"建设水平依然有限，一定程度上制约着物流企业竞争力的提升。

3.9.5 信息化创新不足，标准化需要深化

贵州物流信息化水平快速提升，但信息化创新还存在突出问题。物流企业信息化的投入力度还不够，大量小微企业物流信息化水平较低。公共物流信息资源开发利用不足，信息采集和交换水平低，物流信息标准制定和互通互联有待提高。部分公共物流平台在政府监管与企业赢利之间，在行政服务与商业服务之间界定不清。先进信息技术在物流行业的应用推广水平较低，物流设施设备的自动化、智能化程度和物品管理的信息化水平虽有提升但仍然不高。

此外，物流业涉及管理部门多，不同领域标准的梳理、修订和衔接难以协调推进。物流标准缺乏系统的顶层设计，导致行业面对不同的标准难以适从。地方标准的制定和专业标准的宣贯成为制约行业物流发展的重要因素。

3.9.6 专业服务能力不强，物流企业需要转型升级

近年来贵州物流企业专业服务能力虽有提升，但物流企业整体专业服务能力不强。从传统运输、仓储、配送业务向集中采购、订单管理、流通加工、物流金融、售后维修、仓配一体化等高附加值增值业务以及个性化创新服务的拓展延伸仍然不够，面对不断增长的高端物流服务需求，贵州物流企业的专业服务能力明显不足。物流企业急需借助整合（功能整合、组织整合、信息整合、平台整合）与创新（技术创新、组织创新、模式创新、管理创新），创造差异化竞争优势，培育核心竞争力，实现物流企业由粗放型向集约型转型升级，由传统物流向智慧物流方向发展，由低端物流向高端物流方向发展，物流服务逐步向纵深化发展。

3.9.7 产业联动发展不足，多业联动融合需深入

随着制造业和物流业的转型升级，贵州制造业与物流业开始联动发展，但处于联动发展的初期阶段，"两业"联动融合深度不够，需进一步深化战略合作，促进业务流程再造。贵州商贸流通模式缺乏创新，传统流通渠道仍是主流，商贸业与物流业联动发展不足。汽车、家电、电子、医药、零售等行业上下游多种业态之间联动发展严重不足。物流企业需要充分发挥自身优势，打通产业链上下游，探索与制造业、流通业、金融业等多种产业的融合渗透，促进生产方式转变

和流通方式转型，提升物流业对整个供应链的掌控能力。

一方面，大部分制造企业采用"大而全""小而全"的物流运作模式，企业物流剥离程度低，制造企业自营物流比重较大，对强调合作共赢的物流供应链组织模式认识不深，物流与供应链上下游融合度不足，制造业与物流业的联动效应较弱，物流潜力挖掘不够。另一方面，商贸流通企业对物流投入力度不够，缺乏从交易功能向物流功能延伸的意识，与物流紧密联系的现货市场、交易中心等商贸物流业发展不快。农产品批发市场基本延续传统交易模式，无冷链物流设施投入和相关技术改造，缺乏向农产品物流中心转型升级的发展意识。大多商贸企业无自己的物流网络和服务体系，对物流重视不够，只有少部分企业如贵州智诚连锁购物有限责任公司、贵州红华便利购物连锁有限公司拥有自己的物流配送体系，商贸流通企业总体对物流的管控能力较弱，商贸业与物流业联动发展的意识不强。根据这次调研的情况显示，目前贵州有超过50%的工商企业未实施物流外包，被动型物流外包比例更高，物流社会化程度仍然较低。

3.9.8　物流深层次结构性矛盾日益突出

3.9.8.1　进出流量不平衡

以地域空间来界定，贵州物流进出流量不平衡问题突出，货物发送量明显大于输入量，流出产品多以矿产品、粗制产品为主，而流入产品则以快递、快消品、轻工产品和高附加值产品为主。与此同时受外向电子商务发展水平限制，大多数快递企业出省（收件为主）和进省（派件为主）业务量比例普遍在1∶9左右，这种不平衡造成物流快递返空问题难以解决，物流成本因此增加。

3.9.8.2　物流业整体发展层次不高

全省物流业总体仍处于产业链中低端，增值能力不强。物流业态仍是以运输、仓储为主的传统物流业，供应链服务、物流金融、物流咨询、多式联运等高端增值业务较少，电子商务、供应链物流等新兴物流业态发展相对迟缓。全省国际物流发展缓慢，保税物流尚属于起步阶段，以保税仓储为主，物流金融、流通加工业务开展缓慢。全省物流外包水平低，供应链管理发展缓慢。由于公路、铁路、水运、航空等多式联运基础设施不配套，造成多式联运业务不通畅。

3.9.8.3　冷链物流发展滞后

据相关报道显示，目前贵州省城镇人口超过千万，每年消费的主要生鲜易腐农产品近700万吨，而冷链物流率不足10%，造成大量损耗，甚至出现食品腐烂变质，造成食品安全等问题，全省每年销往省外的生鲜易腐农产品150多万吨，大部分为常温运输，市场竞争力差。贵州冷链物流发展水平较低，食品行业的冷链覆盖率不足30%，这与发达国家90%以上的覆盖率相比，差距很大。从人均冷库拥有量的角度来看，冷藏运输车辆的缺乏造成冷链运输比重更低。

3.9.8.4 公路运输比重较大，其他运输方式参与度较低

统计数据显示，"十二五"期间贵州通过公路运输货物运量在全部货物运输量中占比始终保持在90%左右，铁路和水路运输业务量明显偏低，民航货邮吞吐量微乎其微。公路运输比重太大使绿色物流、物流成本降低和节能减排等工作目标难以完成。

3.9.8.5 城市物流发展相对成熟，农村物流基础薄弱

物流的发展开始是以城市为中心，随着城市化进程的加快，城市物流发展迅猛，物流体系相对成熟。在城市物流蓬勃发展的同时，贵州农村物流发展速度相对滞后。目前贵州农村物流基础设施薄弱，大多数农村地区缺少高等级公路，导致配送网络不够完善，缺少现代化的仓储设备以保障农产品的储存，导致鲜活农产品大量损失，农业物流设施标准化程度低，机械化水平差，农村基层物流网点信息化程度低，难以支撑通过电子商务实现"黔货出山"和"网货下乡"，这些基础设施问题使农村物流发展受到阻碍。与此同时，由于农产品流通体系不完善，农产品质量检测制度缺乏造成流通产品质量得不到保障，有效规模经营主体的缺失又进一步限制了农村物流的发展。

3.9.9 政策有待进一步落实，管理体制需要转换

物流业涉及单位多、部门广，尚未设立贵州省人民政府直管机构（如省人民政府物流办或物流局），一方面造成政策协调难度大，另一方面政策执行不易落实到位。贵州物流业急需确定专门的行业主管部门，充分发挥行业管理部门的作用，研究制定贵州物流业发展的政策意见，协调落实各项政策措施，创新物流业发展的体制机制，为现代物流业的发展创造良好的制度环境。着力解决影响物流业发展的土地、税收、收费、融资和交通管理等问题，配套完善"营改增"等财税政策，切实减轻企业税负，将物流用地纳入总体发展规划，对特殊仓储用地予以保留，营造一个良好的宏观环境。

贵州省物流业与全国物流业的状况一样，仍然是分散、多元的管理方式，涉及铁道、交通、民航、贸易等专业部门和发改委、经贸委等综合部门。各部门之间分工又有交叉，造成了物流行业管理中块分割、部门分割现象等问题时有发生，多数物流建设项目属于供应能力的扩张，而不是整合和提升原有供应能力，低水平的重复较多，个别项目贪大求全能力过剩，造成物流资源的浪费。在国家

及省委省政府大力发展现代物流的背景下，各地积极进行物流规划，提出不少物流建设项目。但是由于各方面规划衔接不够，造成园区规划、项目建设同质化严重。同时，由于后期园区建设的组织协调及项目推进机制不够完善，导致不少物流园区、物流项目无法落地，不同管理部门对同一物流项目的规划、建设情况等信息的掌握程度不一致。从网络平台看，信息平台未能实现共建共享，各自为政的结果造成社会信息流不够畅通，这无疑给以信息流为灵魂的现代物流业造成巨大的发展障碍。

3.9.10　高素质物流人才紧缺

据不完全统计，目前全省物流从业人员超过 20 万人，其中物流专业操作人员、经营管理人员及信息技术人员不多，具备高级物流师资质的从业人员更屈指可数。对于物流业刚起步的市州或县级物流企业而言，物流技术管理专业人才更加缺少，相当部分的物流操作人员文化水平不高、经验不足、专业素质低、服务意识差，导致物流服务水平低。整体而言，目前贵州专业物流人才极为缺乏，而高素质的物流人才则更为稀缺。问卷调查发现，样本企业中 70% 以上的企业认为目前企业物流人才素质一般，而超过半数样本企业认为，众多类型人才中，具有系统化供应链管理思想，熟悉电子商务物流、国际物流和配送管理知识的综合型高级物流人才最为紧缺。

4 贵州省物流业发展环境及前景

4.1 贵州省物流业发展环境

4.1.1 物流基础设施环境

贵州省公路、水运、民航、铁路等交通基础设施投资持续高位增长，立体交通网初步构建，基础设施互通互联初见成效。贵州大力支持以"智能公路港"为重点的公路运输网络体系发展，加快打造以贵阳为枢纽中心，以遵义、六盘水、都匀为一级基地，以毕节、铜仁、凯里、兴义等为二级基地的智能公路港网络体系。其中，贵州省公路港示范工程之一的"马上到"智能公路港已建成并投入运营。贵州高速公路网不断完善，承担起西北至西南、华南货运通道和中转枢纽的任务。沪昆高铁贵州段正式通车，使贵州除连通长江经济带的长三角和长株潭外，与京津冀地区时空距离也大幅压缩。黔深欧、黔新欧等货运新路径的开通，构筑起贵州与"一带一路"国家的便捷物流大通道。

"十二五"期间，全省大力实施"六横七纵八联四环线"高速公路网络规划，全面建成国家高速公路网规划中的厦蓉、杭瑞、汕昆高速公路的本省境内路线。物流基础设施主要包括公路、铁路、港口、机场以及网络通信基础等。"十二五"期间，贵州省累计完成固定资产投资 36089.3 亿元，五年年均增长 29.5%，高于全国同期 11.7 个百分点。2017 年贵州省固定资产项目投资 15500 亿元，比上年增长 20.1%。

贵州铁路、公路、内河航道、航空、邮政、城市道路等通行能力明显提高。2017 年，全省铁路里程 4006km，其中高速铁路通车里程 1676km，铁路出省通道增至 12 个。全省公路线路里程达 194400km，其中高速公路通车里程 5834km，高速公路出省通道增至 15 个，高速公路密度达到 2.9 千米/百平方千米，高速公路网已经基本形成；全省内河航道里程 3664km；贵阳龙洞堡 4E 级国际机场与支线机场共计 13 个，国际及地区通航城市，运输航班架次，均有增长。贵阳龙洞堡 4E 级国际机场，在全国民用机场排位中前移至第 22 位，9 个市（州）及部分县级市实现通航机场全覆盖；全省邮电局所总数为 20921 处，邮路总长度 360785km；全省电信交换机总容量 5671.6 万门，全省固定电话用户数 339.1 万户，移动电话用户 3792.27 万户，互联网宽带接入用户 3505.71 万户；全省城市市政道路长度 6175km，城市道路面积 11072 万平方米，人均道路面积 9.3m²。2017 年贵州实现"县县通高速"，成为西部地区第一个县县通高速公路的省份。2017 年全省货运汽车已有 25.01 万辆、总吨位超过 100 多万吨。其中，载货汽车、栏板货车、厢式车、冷藏保温车、集装箱车、罐车、牵引车、挂车、专用载货汽车均有增加。拖挂车、铁路集装箱等装备数量增加，运力增强。技术先进的装载机械、设备设施的使用有力地提升了物流效率和功能。

物流园区、物流中心等基础设施仍是地方政府支持的重点，各类专业物流园及大型现代综合物流园相继开工建设或已投入运营。贵州快递物流园目前已吸引邮政速递、韵达快递、圆通快递、中通快递、天天快递、普洛斯物流、百世汇通、天地华宇、中铁物流、申通快递等物流企业入驻，是整个西南地区产业集成化程度最高，占地面积最广的快递物流聚集园区。贵阳综合保税区、贵安新区综合保税区正式运营，安顺黄铺现代综合物流园区签约合作项目框架协议，凯里银田农产品物流园、德江县汽车物流园等项目立项。贵州首个内陆无水港孟关国际物流城、福泉国际陆港（无水港）项目已开工建设，"无水港"等新型物流组织方式促进了多种运输方式互联互通。

4.1.2 物流信息及技术环境

物流信息化水平不断提高。贵州大力推进物流领域信息基础设施建设，加快物流信息交换平台及第四方物流信息平台建设。贵阳智慧城市配送信息平台已上线运营。贵阳货车帮公路物流信息平台服务体系已遍布全国，拥有诚信认证物流企业会员 35 万家、每天发布的中长途货源信息 500 万条，现有货车司机会员 230 万辆，在除西藏以外的所有省区二级城市开设服务网点 472 个，布局移动服务车 508 台，每天货运费用成交额超过 60 亿元，减少车辆空驶近千万千米，2015 年为中国节省货车燃油费用 500 亿元，减少碳排放 2700 万吨，产生了巨大的社会效益，成为中国公路物流信息化的领跑者。马上到智能公路港已经运营，贵阳传化公路港项目启动、遵义传化公路港正式投入使用，将优先接入和使用贵州物流公共平台，实现与全国物流公共信息平台的互联互通。贵州积极推进以智慧物流为重点的信息化网络体系建设，运用信息技术提升物流运行效率。通过智慧物流云、电子商务云的衔接，打造全省统一的物流信息公共服务系统平台。不断加强物流节点内部的物流装备设施信息化建设，尽快实现交通货运信息、物流供需信息、网上物流在线跟踪、物流投资项目等信息互通共享。

物流技术及物流装备不断得到推广应用，物流技术水平稳步提升。RFID 技术在物流与交通领域应用获得政府支持，GPS 车载终端在物流运输中开始推行，物联网技术开始在烟草等物流领域应用。叉车、货架、托盘等物流装备在企业中逐步推广应用。随着连锁零售、电子商务、医药、烟草、快递等行业的快速发展，物流配送中心数量不断增加，对立体仓库、自动分拣系统、自动识别系统、手持终端以及设备系统集成需求旺盛，物流装备系统化、自动化、智能化趋势明显。

4.1.3 物流标准化和教育培训等基础条件

物流标准化工作积极推进。贵州积极推广《城市物流配送汽车选型技术要求》（GB/T 29912—2013）、《物流服务合同准则》（GB/T 30333—2013）等国家标准在物流园区和物流企业中应用。同时积极制定具有地方特色的物流行业标准，2015 年 6 月发布《物流服务风险管理规范》（DB 52/T 1042—2015），制定了《贵州省城市配送服务规范》等地方标准。《低温食品冷链物流技术与管理规程》贵州地方标准项目立项。为有效发挥地方标准服务地方经济发展的作用，加强对地方标准的信息化管理，加大地方标准信息的推广实施运用，建成开通了"贵州省地方标准信息查询服务平台"。该平台能够充分实现按照标准编号、标准名称、行业类别、标准状态等相关信息，进行地方标准的分类检索查询功能；能够向社会公众免费提供地方标准文本的网上阅读与下载功能，从而实现更好地为企业和社会提供及时、便捷、准确的地方标准信息服务，服务经济社会发展。

物流教育与职业培训工作成效对接明显。省内高校与物流企业双方不断加强合作，高校邀请物流企业的实战专家走进高校，传播交流物流实战经验；物流企业不仅为高校提供实习岗位，同时在高校建立企业与高校合作的实训基地，为物流人才专业技能的培养提供平台，共同促进贵州物流教育的发展。高校与物流企业合作为企业提供相应的物流专业培训及物流管理相关咨询。如 2015 年贵州省物流行业协会与贵州省财政学校联合主办了"贵州省物流（仓储）从业人员职业能力提升培训班"。培训内容包括当前物流行业的政策环境及发展趋势、仓储业统计的相关知识、仓储管理的理论和运作知识等。培训合格的学员获得了由贵州省物流行业协会培训中心和贵州省财政学校联合颁发的"仓储管理职业能力培训结业证书"。

4.1.4 物流政策环境

《物流业发展中长期规划（2014~2020）》（国发［2014］42 号）（以下简称"规划"）明确了物流业在国民经济发展中的基础性、战略性地位，极大地提升了物流业产业地位。为进一步加快贵州现代物流业发展，将其培育成为贵州现代服务业重要支柱产业，更好地服务和支撑经济发展，贵州省政府和有关部门发布了一系列支持物流业发展的政策文件，为贵州物流业发展创造了良好的政策环境。中央政府针对物流的发展提出了一系列更有针对性和建设性的发展政策和指导意见。《规划》明确要求各省、自治区、直辖市人民政府，国务院各部委、各直属机构加快发展现代物流业，以促进产业结构调整、转变发展方式、提高国民经济竞争力和生态文明建设。《商务部关于促进商贸物流发展的实施意见》（商流通函〔2014〕790号）明确要求各级商务主管部门高度重视商贸物流发展，深入扎实开展工作，努力使商贸物流成为内贸工作"上台阶"的突破口。2015年《国务院关于积极推进"互联网+"行动的指导意见》出台后，商务部出台了《关于智慧物流配送体系建设实施方案的通知》（商办流通函〔2015〕548号），国务院办公厅出台了《关于深入实施"互联网+流通"行动计划的意见》（国办发〔2016〕24号），在全国安排部署"互联网+流通"行动计划，安排部署各项智慧物流体系建设与试点工作，全面吹响智慧物流建设号角。

　　贵州省委省政府、省发改委和省商务厅等部门顺应物流行业发展趋势配套出台各项鼓励与支持政策完善物流发展环境。《关于加快发展电子商务的指导意见》（黔商发〔2013〕367号）、《贵州省人民政府关于加快商贸流通业改革发展的意见》（黔府发〔2014〕10号）、《贵州省人民政府办公厅关于加快发展现代物流业的若干意见》（黔府办发〔2015〕3号）等相关政策规划的出台，更进一步明确贵州省物流的发展目标、改革思路、发展任务与具体的落实措施等；各市（州）、县结合地方经济及物流发展实际情况，也陆续出台了推进当地物流行业发展的具体政策措施。明确提出支持贵阳建设物流区域性节点城市；鼓励贵阳、安顺联动发展，促进贵阳、安顺空港物流发展，打造西南地区重要的现代物流中心；鼓励遵义建设区域性现代贸易物流枢纽，形成黔北区域生产性服务业集聚区；支持毕节发展以能矿资源产品为主的物流产业，打造川滇黔三省结合部的重要物流中心；推动都匀、凯里重点发展以特色农产品为主的现代物流，形成西南地区连接华南、华中地区的重要现代商贸物流枢纽等。所有这些政策的实施、工作的开展将进一步确立了现代物流业在全省产业体系中的战略地位，初步建立起物流发展的运行机制，为贵州物流业的发展创造了积极的政策环境。

4.1.5　物流需求结构逐步调整

　　钢铁、煤炭、水泥、有色等生产资料物流需求增速进一步放缓。企业物流需求向供应链延伸，专业化、一体化的物流服务成为增长点。进出口贸易总值保持增长，进出口物品物流需求稳步增长。最终消费对经济增长的贡献率持续走高，电商物流、冷链物流等消费品物流需求保持快速增长。以服务电商为主的快递业保持快速增长，2017年业务量达15781.90件，同比增长40.2%，快递业务收入达31.15亿元，比上年增长43.0%。城镇化加速推进，农村物流和社区物流需求增长迅速。随着阿里巴巴农村电商"千县万村"计划以及京东"电商进农村战略"的实施，农村电商物流需求逐步增长。

4.2 物流业新进展

4.2.1 物流企业规模化、集约化发展趋势进一步显现

截至 2017 年底，贵州获国家 A 级物流企业达 33 家，其中 5A 级物流企业 1 家、4A 级物流企业有 8 家、3A 级物流企业有 22 家、2A 级物流企业有 2 家。快递、电商、零担、医药等细分物流市场品牌集中、企业集聚、市场集约的趋势逐步显现。如贵州快递物流园目前已吸引邮政速递、韵达快递、圆通快递、中通快递、天天快递、普洛斯、百世汇通、天地华宇、中铁物流、申通快递等快递物流企业入驻，是整个西南地区产业集成化程度最高，占地面积最广的快递物流聚集园区。

4.2.2 物流企业专业化服务能力进一步增强

随着物流需求结构的调整，物流企业不断提升专业化服务能力。企业更加重视以客户需求为中心，开发个性化、一体化服务，在冷链物流、汽车物流、城市配送等专业细分领域出现一些综合服务能力强的专业物流企业，如贵铁物流、贵州商储集团、交通物流集团、贵州物资现代物流集团等。企业不断加强精细化、集约化管理，积极进行技术改造、管理提升和人员培训。如长和长远物流、诚智物流、冶诚物流等。共同配送、供应链集成等新的物流运作模式开始出现，如在贵阳、遵义等城市试行"城市共同配送班车"模式。物流企业开始向产业链延伸服务，逐步从传统物流企业向综合物流服务商转型。

4.2.3 物流行业发展环境不断优化

为促进贵州物流业健康快速发展，积极适应经济发展"新常态"，贵州不断优化物流行业发展环境。推行工商登记前置审批事项目录化管理，推进"工商、税务、组织机构代码"三证合一，并联审批办理。清理、归并和精简物流领域各类行政审批和许可项目。切实加大对公路"乱收费"、"乱罚款"的清理整顿力度，严格落实涉路行政执法自由裁量权基准制度、一事不再罚制度和罚款收缴分离制度。简化道路运输物流企业运输证年审手续，优化审验程序，允许货运车辆异地检测和维护。积极拓展鲜活农产品绿色运输通道，研究提出扩大鲜活农产品绿色运输通道的适用品种和范围。依法落实符合条件的物流企业享有《关于深入实施西部大开发战略有关税收政策问题的通知》（财税〔2011〕58 号）等文件规定的相关优惠。加大用地扶持，对符合发展规划、城乡规划、土地利用总体规划的重点物流园区、物流中心、配送中心以及重点物流企业项目建设用地，优先安排年度用地计划指标。在工业园区和现代农业高效示范园建设的生产服务型物流园区享受工业用地价格。加大对物流企业的信贷支持，对符合条件且信用评级高

的重点物流企业提高信贷额度。支持符合条件的物流企业通过发行公司债券、非金融企业债务融资工具、企业债券和上市等多种方式拓宽融资渠道。依托中国贵州人才博览会等引才平台和渠道，积极引进高层次物流从业人员，认真落实贵州省引进人才政策规定的相关待遇等。

4.2.4　物流业与制造业初步实现联动发展

随着制造业与物流业的转型升级和现代产业结构的优化调整，制造业与物流业开始联动发展，在采购、生产、销售等环节加强协作。在联动发展过程中，许多制造企业由简单的运输（仓储）外包逐步向企业物流整体外包发展，物流企业也由单一物流服务向一体化物流服务转变。如贵州商储主要从事国内外货物运输和商品代运代储等业务，其与贵州海尔电器有限公司合作，不仅为海尔公司提供省内物流配送，还进行园内的物流配送，两者合作共赢，联动发展。贵州主要工业园区的制造业与物流业联动发展态势良好。如贵阳市小孟装备制造生态工业园、遵义市汇川机电制造工业园、遵义市湄潭绿色食品工业园等工业园内均配套相应的物流功能服务制造业，促进制造业发展的同时也促进了物流业的发展，实现"两业"联动发展；山水物流与翁福磷矿、贵铁物流与黔轮胎、红星股份等企业实行物流外包服务，减低物流成本，提高运输效率。

4.2.5　"两高"背景下贵州的大物流格局形成

"两高"，即贵（阳）广（州）快速铁路和高速公路建设，是省委、省政府加快贵州经济社会发展的重大战略决策，是改变贵州区域发展条件、推进贵州与珠三角地区紧密联系、构建贵州区域发展大格局和出海新通道的新世纪宏伟工程。"两高"在建设过程中，以及建成以后，必将对贵州经济社会发展产生重大影响，准确认识和把握"两高"建设给贵州带来的重大机遇，及早采取有效科学的应对策略，具有重要的意义。"两高"建设，不仅缩短了与珠三角的时空距离，还将吸引西部内陆地区的重庆、成都和昆明等西南大城市的合作与交流，大大提升贵州在西南地区的陆路交通枢纽地位和作用。正如四川主动提出建设川黔高速铁路并明确指出，"谁连接贵阳，谁就连接珠三角"，贵州省将因为"两高"建设重新确立其在西南地区城市中心的地位，提升全省的城市综合竞争力，促使贵州从经济发展的边沿逐渐融入经济发展的主流。

4.3　物流业发展前景和机遇

4.3.1　基础设施互联互通，对行业发展的"硬约束"逐步消退

"十三五"期间贵州交通运输将重点推进"七大工程"，拟投五千亿元打造

交通网络，到 2020 年，贵州公路总里程将达到 20 万千米（其中高速公路逾 10000km），三环八射铁路网将形成，物流园区、物流中心等物流节点初具规模，物流基础设施互联互通，网络后发优势明显，对行业发展的"硬约束"逐步消退。

4.3.2 消费需求拉动物流发展，农村物流社区物流潜力巨大

随着消费对经济贡献的增大，消费需求将成为主要推动力。以终端消费者为对象，个性化、多样化的物流体验成为电子商务条件下消费者的核心诉求。企业物流需求加快向供应链延伸，专业化、一体化的物流服务成为增长点。城镇化加速推进，农村物流和社区物流潜力巨大。

4.3.3 多业联动融合发展走向深入

随着增长速度放缓，提升质量与效率成为市场的衡量标准。物流企业更加注重服务体验和解决方案，稳步提高服务能力和运行效率。企业联盟合作成为常态，产业融合加快发展。资源共享、合作共赢、可持续发展的产业生态圈正在形成。物流业与制造业、商贸业、金融业等多业联动，产业联动融合走向深入。

4.3.4 智能物流成为物流企业发展方向

智能物流将实现货物运输过程的自动化运作和高效率优化管理，提高物流行业的服务水平，降低成本，减少自然资源和社会资源消耗，它通过条形码、射频识别技术、传感器、全球定位系统等先进的物联网技术在信息处理和网络通信技术平台实现，具有智能化、一体化、层次化、柔性化与社会化的特点。"十三五"期间，在"大物流"格局下，实现"互联网+快递"、打造智能物流、加快"走出去"步伐将是物流企业的发展方向。

4.3.5 绿色物流步入快通道

"十三五"期间，国家将全面推进绿色物流发展，完善节能减排配套政策，贯彻落实一系列重点举措：加快推进物流大通道建设，优化物流空间布局；健全城乡物流配送体系，提升末端物流效率；促进物流运输装备标准化，提升物流组织水平；推广应用移动互联网技术，进一步整合物流资源。在国家全面推进绿色物流发展的背景下，贵州绿色物流将步入快速发展通道。

4.3.6 产业转移机遇

随着东部产业加快向西部转移和贵阳经济的快速发展，贵阳投资软硬环境有了显著改善，具备承接东部地区产业转移的条件。产业的转移会带来物流服务相

关需求的增加。目前产业转移中承接项目的有首钢贵阳特殊钢新特材料循环经济工业基地、中航工业贵阳产业基地、贵州广铝年产 80 万吨氧化铝、贵航军转民高新技术产业园等。

4.3.7　交通改善机遇

　　贵广高铁和沪昆高铁（长沙—贵阳段）的开通、贵阳 7 小时快铁交通圈以及沪昆高速公路等交通基础设施的建设、县县通高速，使得贵阳不单是西南地区的地理区域中心，而是西南地区重要的交通枢纽和物流集散中心。交通的改善，给贵州物流业的大发展带来了前所未有的机遇。

5 贵州省物流企业成本构成及管理现状

5.1 贵州省物流企业经营状况

5.1.1 贵州省物流企业收入分析

（1）贵州省物流企业 2015、2016 年全年总收入情况分别如图 5-1、图 5-2 所示。从图 5-1 和图 5-2 可以看出，总体上看，2016 年贵州省物流企业全年总收入分布情况与去年略有变化，但相对稳定。贵州省物流企业全年总收入集中在 300 万以下，快递型企业比例最高，2016 年有 58.62% 的快递型企业全年总收入在 300 万以下，而全年总收入超过 2000 万的物流企业相对较少。

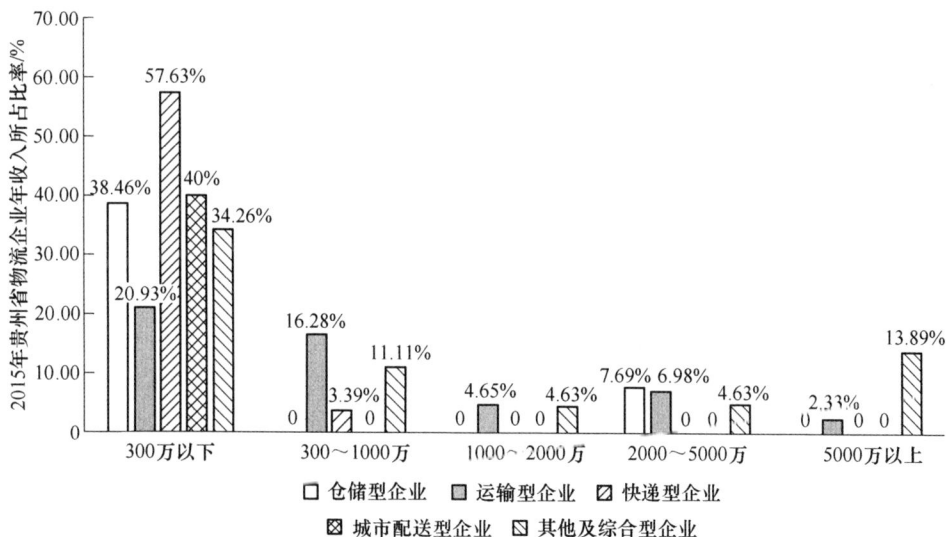

图 5-1　2015 年贵州省物流企业全年总收入分布图

（2）贵州省物流企业 2015、2016 年全年主营业务收入情况分别如图 5-3、图 5-4 所示。由图 5-3 和图 5-4 可以看出物流企业的主营业务收入和全年总收入基本趋同。由此可见，贵州省物流企业的全年总收入大部分都来自主营业务收入，物流企业结构模式较为单一，一些中小型企业缺乏明确的发展战略。据不完全统

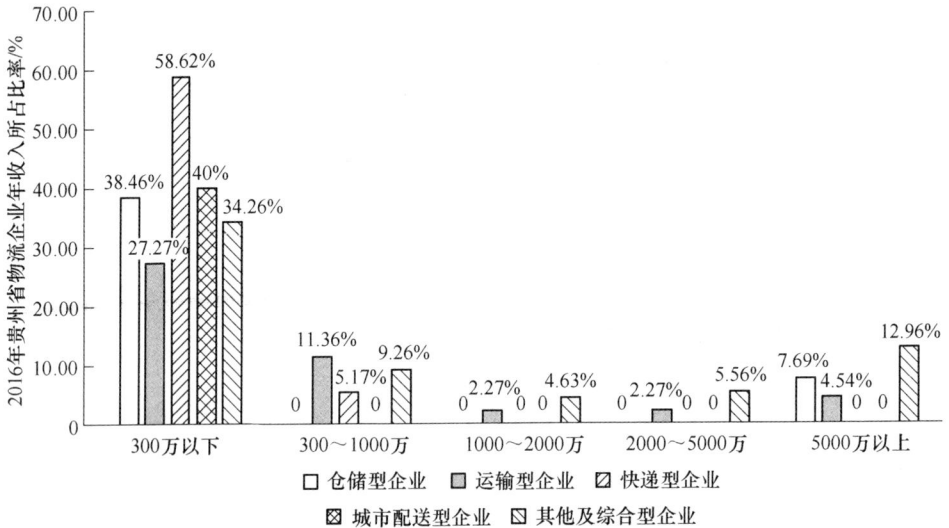

图 5-2   2016 年贵州省物流企业全年总收入分布图

计，80%的中小型物流企业没有制定完整的战略规划，而制定战略规划的物流企业中，仅有一半能够按照规划有步骤的执行。其余的或是在领导指示下才能执行，或是执行起来步履艰难。

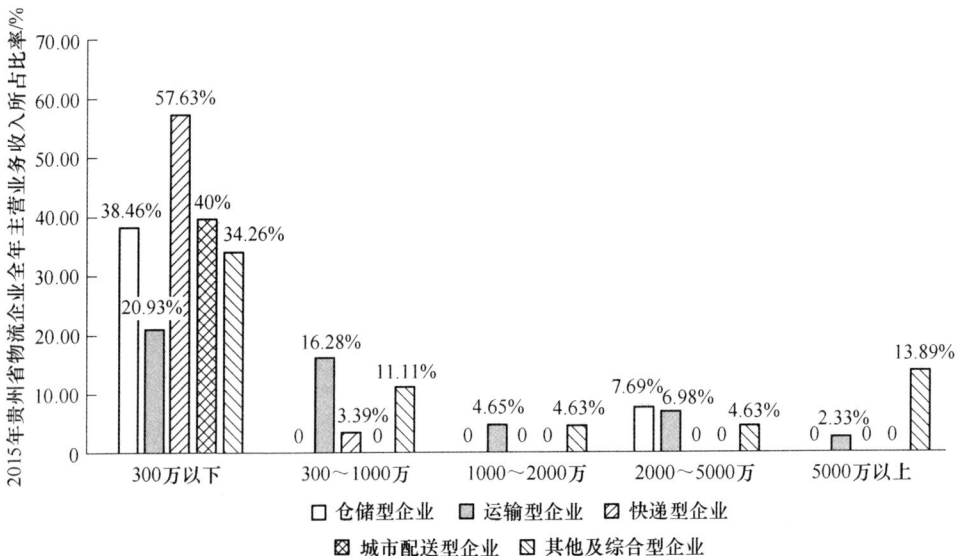

图 5-3   2015 年贵州省物流企业主营业务收入分布图

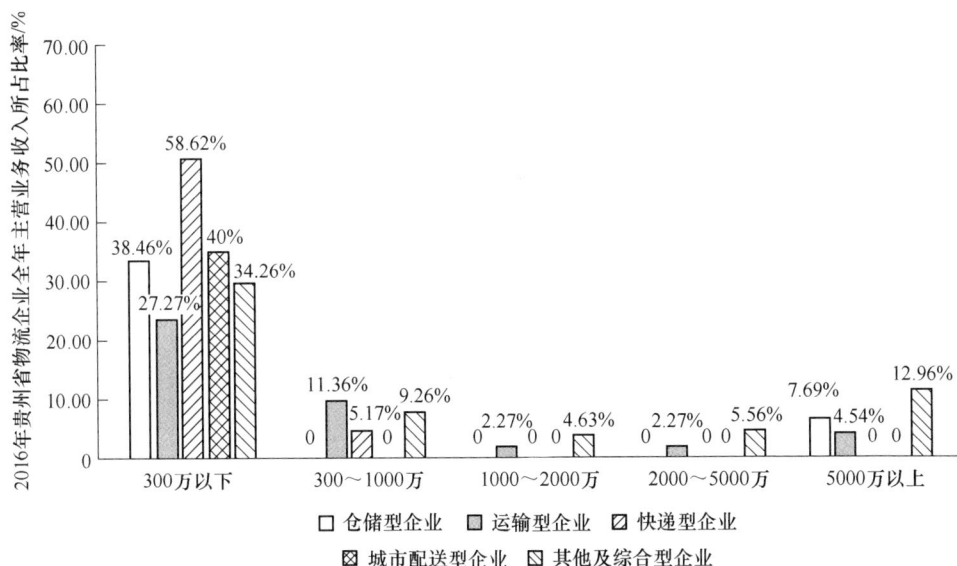

图 5-4 2016 年贵州省物流企业主营业务收入分布图

5.1.2 贵州省物流企业利润分析

贵州省物流企业利润总额分析如图 5-5、图 5-6 所示。

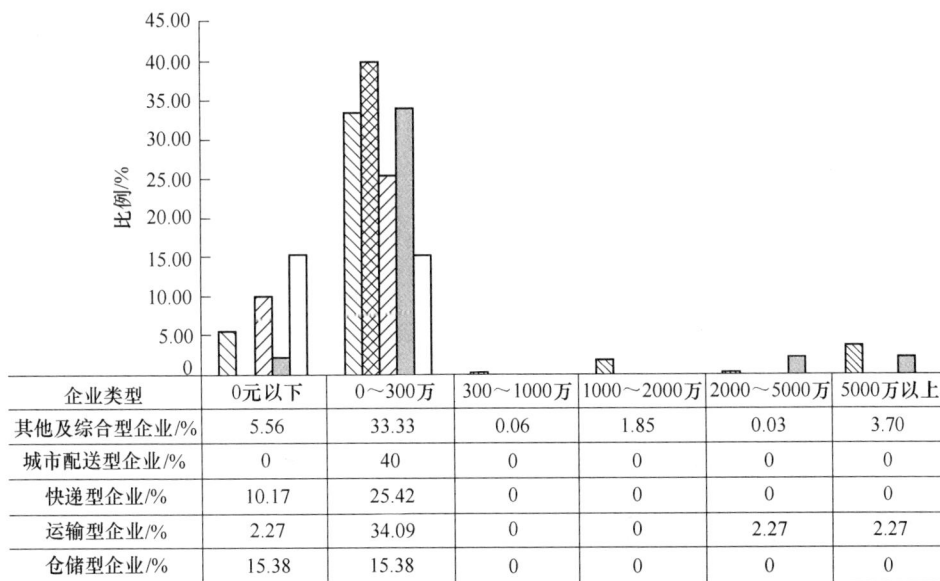

企业类型	0元以下	0～300万	300～1000万	1000～2000万	2000～5000万	5000万以上
其他及综合型企业/%	5.56	33.33	0.06	1.85	0.03	3.70
城市配送型企业/%	0	40	0	0	0	0
快递型企业/%	10.17	25.42	0	0	0	0
运输型企业/%	2.27	34.09	0	0	2.27	2.27
仓储型企业/%	15.38	15.38	0	0	0	0

图 5-5 2015 年贵州省物流企业利润总额分布图

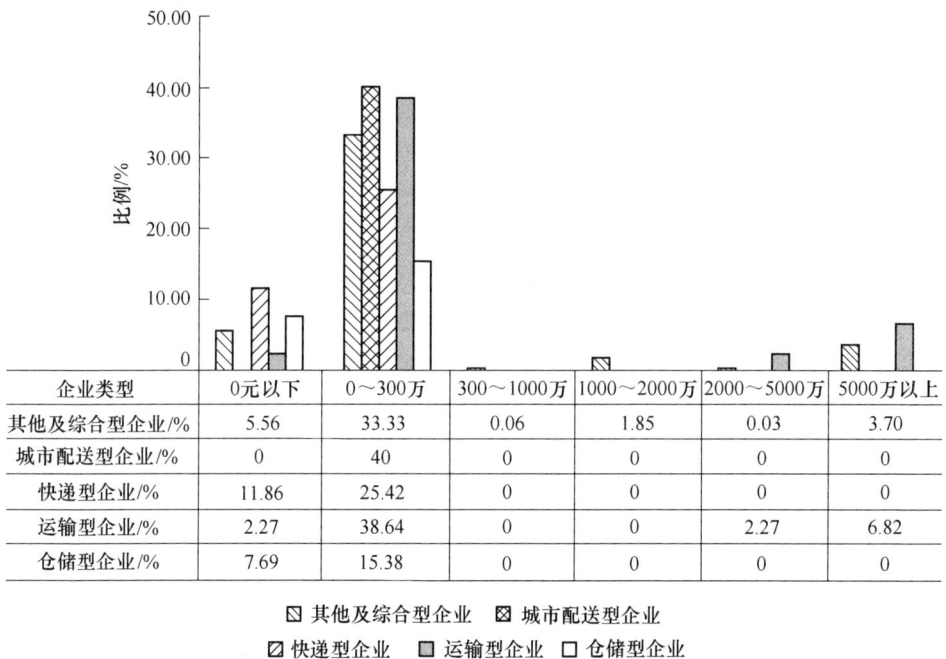

企业类型	0元以下	0～300万	300～1000万	1000～2000万	2000～5000万	5000万以上
其他及综合型企业/%	5.56	33.33	0.06	1.85	0.03	3.70
城市配送型企业/%	0	40	0	0	0	0
快递型企业/%	11.86	25.42	0	0	0	0
运输型企业/%	2.27	38.64	0	0	2.27	6.82
仓储型企业/%	7.69	15.38	0	0	0	0

▨ 其他及综合型企业   ▧ 城市配送型企业
▨ 快递型企业   ▮ 运输型企业   ▯ 仓储型企业

图 5-6   2016 年贵州省物流企业利润总额分布图

由图 5-5 和 5-6 可以看出，2015 年和 2016 年贵州省各类物流企业中有少部分企业存在亏损，营业利润在 300 万以下的最多，平均每类物流企业有 30.55% 的企业年利润总额在 0～300 万之间，只有少数物流企业盈利在 300 万以上，利润总额超过 300 万的企业中，运输型企业最多，占整个物流企业的 9.09%。物流企业的营业利润总额却不高，一些企业甚至还出现亏损。一方面由于物流行业中各家企业的价格竞争，已经使得该行业利润非常微薄；另一方面贵州省一些中小型物流企业盈利能力较差。

由于贵州省物流企业硬件基础设施不完善，企业近年来通过增加固定资产厂房、设备等投入来增强自身实力，造成企业营业成本的大幅上升。而诸如运输型企业保持着较高的收益率和较低的亏损率，究其原因，运输型企业主要依靠着煤炭、钢材、矿石等大宗货物为主的运输，这大都是贵州的支柱产业。由于大宗货物的外运和轻工产品的内运，物流顺逆差率大，这在一定程度上阻碍贵州省物流业的发展。

5.2 贵州省物流企业成本分析

5.2.1 物流企业物流成本一般构成

物流总成本＝库存费用＋运输成本＋物流管理费用＋税收成本

其中，库存费用=仓储费+货损费+人力费用+利息

　　　　运输成本=货运费+燃料费+设备维护费+工资+保险费+

　　　　　　　　通行费+装卸费+滞留费

　　　　物流管理费=计划、组织、协调与控制中的费用

5.2.2　物流企业物流成本构成

通过对全省 70 家左右的物流企业调研，总结出贵州省物流企业的成本基本构成情况如下：

　　　　物流成本=运输成本+仓储持有成本+行政管理成本+其他

　　　　　　　　=燃油费+过路过桥费+罚款+停车费+仓库管理费用+装卸费+

　　　　　　　　司机工资+车辆保养费+车辆折旧+保险费+税费+场地租用费

5.2.3　贵州省物流企业主营业务成本分析

2015 年、2016 年贵州省物流企业主营业务成本分布分别如图 5-7、图 5-8 所示。

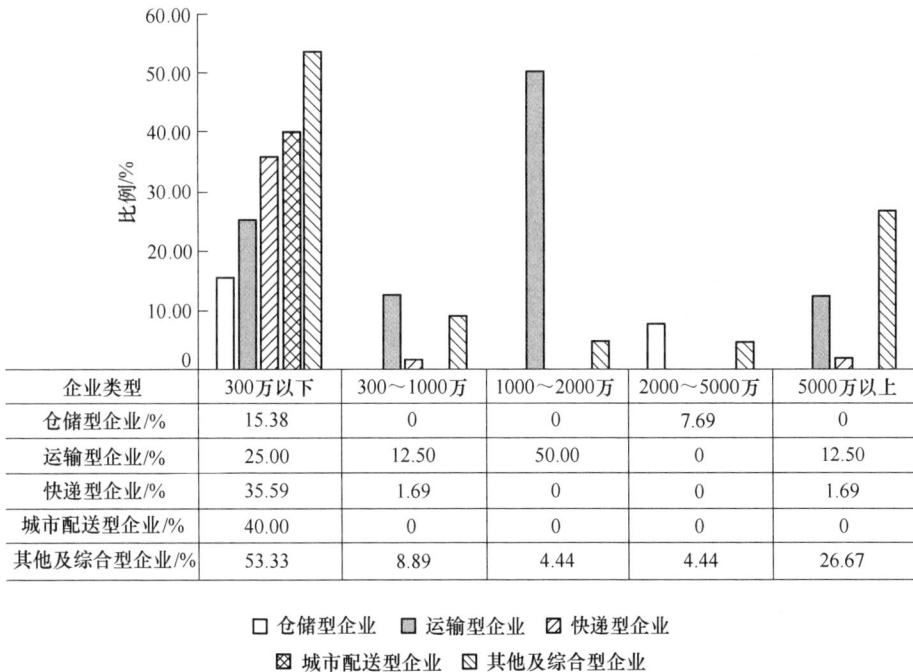

企业类型	300万以下	300～1000万	1000～2000万	2000～5000万	5000万以上
仓储型企业/%	15.38	0	0	7.69	0
运输型企业/%	25.00	12.50	50.00	0	12.50
快递型企业/%	35.59	1.69	0	0	1.69
城市配送型企业/%	40.00	0	0	0	0
其他及综合型企业/%	53.33	8.89	4.44	4.44	26.67

□ 仓储型企业　■ 运输型企业　▨ 快递型企业
⊠ 城市配送型企业　◩ 其他及综合型企业

图 5-7　2015 年贵州省物流企业主营业务成本分布图

由图 5-7 和 5-8 可知，贵州省物流企业主营业务成本大部分分布在 300 万元

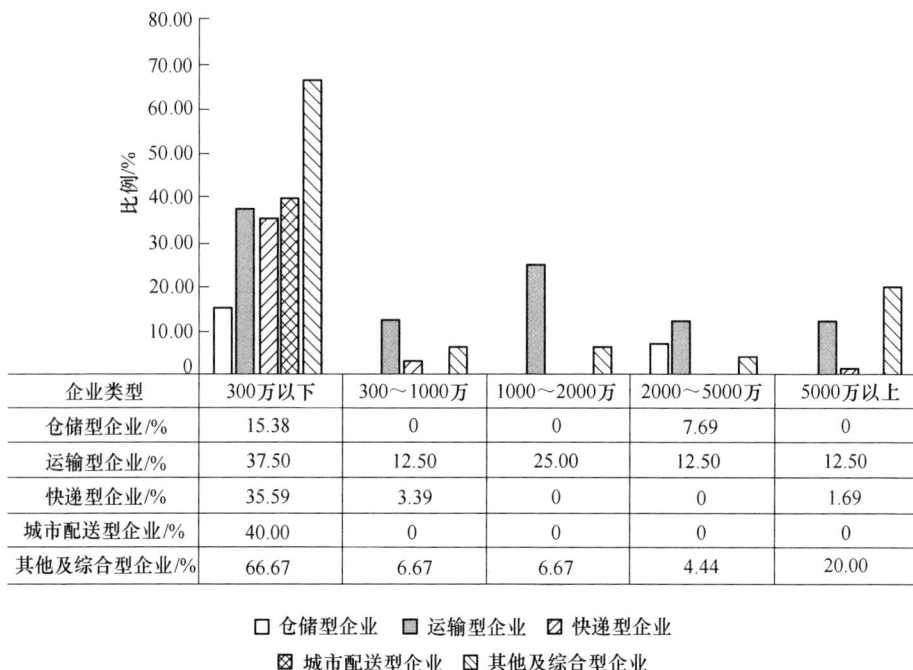

企业类型	300万以下	300~1000万	1000~2000万	2000~5000万	5000万以上
仓储型企业/%	15.38	0	0	7.69	0
运输型企业/%	37.50	12.50	25.00	12.50	12.50
快递型企业/%	35.59	3.39	0	0	1.69
城市配送型企业/%	40.00	0	0	0	0
其他及综合型企业/%	66.67	6.67	6.67	4.44	20.00

□ 仓储型企业　▨ 运输型企业　▨ 快递型企业
⊠ 城市配送型企业　◹ 其他及综合型企业

图 5-8　2016 年贵州省物流企业主营业务成本分布图

以下。2016 年其他及综合型企业主营业务成本在 300 万元以下占比最多,达到了
66.67%。而运输型企业则分布较为均匀,主营业务成本在 300 万元以下占
37.50%;300~1000 万元占 12.50%;1000~2000 万元占 25.00%;2000~5000 万
元占 12.50%;5000 万元以上占 12.50%。相比于 2015 年,贵州省物流企业主营
业务成本在 2016 年没有显著的变化。但根据 2015 年和 2016 年主营业务收入与
主营业务成本对比,可以发现,贵州省物流企业主营业务成本过高,尤其是仓储
型企业和快递型企业,为了盈利付出的代价较大,盈利能力较差。

5.2.4　仓储成本、运输成本、装卸搬运成本分析

贵州省物流仓储成本、运输成本、装卸搬运成本分析见表 5-1。

由表 5-1 可知,贵州省物流企业总成本过高主要是由于运输成本和装卸搬运
成本造成的,而运输成本是由直接人工、直接材料、其他直接费用、营运间接费
用四个基本部分组成。运输成本过高,原因是运输路线规划不合理、缺乏完整的
车辆管理机制等,而装卸搬运成本过高是因为贵州省物流企业机械化程度比较
低、人工成本上升较快、中转次数多导致装卸搬运次数也相应增多、缺乏合理的
运营机制等。

表 5-1 仓储成本、运输成本、装卸搬运成本分析表

企业类型	仓储成本 /万元	运输成本 /万元	装卸搬运成本 /万元
仓储型企业	3.87	54.36	30
运输型企业	1456.08	7194.17	338.46
快递型企业	56.34	795.65	33.33
城市配送企业	1.62	1.54	1.2
其他及综合型企业	483593.38	67513916.88	21455142.39

5.3 贵州省物流企业存在的问题

（1）物流企业各自为政，业务覆盖重叠，互相之间恶性竞争普遍。据贵州省相关职能部门统计，贵州省物流企业分散、规模较小企业占大多数，各物流企业按自身发展需求布局，造成贵州省物流企业整体缺乏系统的规划和组织，网络布局不科学，存在网络缺陷，服务区域交叠或覆盖不足，难以有效地动态调度运输和配送环节，造成运营效率低下，成本上升，时效性降低。各快递企业之间业务区交叠，造成人员浪费，成本上升，整体效率下降。且存在管理方式与现代化运营管理模式难以融合的问题，影响物流企业的进一步发展。

（2）中小型物流企业缺乏完整的信息化管理。目前，贵州中小型物流企业中除少量的企业外，普遍没有配套的信息化管理系统，有信息化管理系统的企业，大多也仅限于针对财务管理系统、客户关系管理、建立内部网络以及企业的网站和网页等方面，大部分中小型物流企业基本没有建立自己的信息平台，平时的通讯与联系主要是电话（包括移动电话）和传真机，这不仅准确率低、及时性差，而且出错率高。大部分物流企业规模较小，企业间交流甚少，难以形成规模经济。再加上物流管理不够科学，技术落后，因此普遍缺乏竞争力。由于规模较小，资金难以集中和周转，很多物流企业仍采用最原始的信息传递和控制办法，导致物流服务和信息化水平很低。这降低了贵州物流的整体水平，很难与国际物流接轨。

（3）物流企业专业人才缺乏。物流企业人才缺乏，人才储备机制难以形成。由于就业条件和个人因素，物流企业人员流动频繁，因此物流企业特别是中小型企业不愿花费人力物力对员工加以培训，致使员工缺乏完成本职工作所需的基本技能、必备技巧，导致效率降低。

（4）物流配送网点租用费用高。贵州城市中心地区铺面租金，网点建设成本高，若在较远离中心地区建设网点又会增加运输距离，使得运费增加，这使物流企业网点建设面临两难。随着物流行业的发展，人们对物流服务质量要求逐渐增加，各家物流企业对门店装修都提出了标准，这也一定程度增加了物流网点建设费用。

6 贵州工、农、商企业物流成本构成及管理现状分析

物流成本就是用金额评价物流活动的实际情况，指物流活动中所消耗的物化劳动和活劳动的货币表现，或者说是产品在空间位移过程中所耗费的各种物化劳动和活劳动的货币表现。物流成本由显性成本和隐形成本构成。显性成本存在于运输、仓储、装卸、搬运、配送、流通加工和信息传递等具体的基础设施、设备资源和运作过程中；隐形成本则存在于由于物流运作不畅导致的库存费用增加所形成的资金利息成本、库存资金占用的机会成本和市场反应慢的损失及管理不善造成的货物损失和损坏的成本。

6.1 企业物流成本的一般构成

对于物流成本的构成，不同国家有不同的观点。根据我国的相关规定，我国社会物流总成本包括运输成本、保管费用和管理费用三部分内容。但是本节的研究对象是微观层次的企业的物流成本，所以下面重点介绍企业物流成本的构成与分类。

尽管不同类型的企业经营目的和经营领域有很大的差异，但是物流成本的构成内容是基本趋同的。根据国家标准《企业物流成本构成与计算》（GB/T 20523—2006）中物流成本项目构成的规定，从物流范围和物流成本支付形态来考虑，企业物流成本包括运输成本、仓储成本、包装成本、装卸搬运成本、流通加工成本、物流信息成本、物流管理成本和隐形物流成本等。

6.1.1 工业企业物流成本一般构成

物流总成本＝包装费＋运输费＋保管费＋装卸费＋流通加工费＋物流管理费＋税收成本

其中，运输费＝货运费＋燃料费＋设备维护费＋通行费＋装卸费＋保险费＋工资＋货损费

保管费＝仓储费＋货损费＋工资开支

物流管理费＝信息费用＋服务费

6.1.2 商贸企业物流成本一般构成

物流总成本＝人工费＋营运费用＋财务费用＋税收成本＋其他费用

其中，人工费用＝职工工资＋奖金＋津贴及福利

营运费用＝能源消耗＋运杂费＋折旧费＋办公费＋差旅费＋保险费＋通行费

财务费用＝利息＋手续费

其他费用＝税金＋资产损耗＋信息费

6.1.3 农业企业物流成本一般构成

物流总成本＝存货持有成本＋运输成本＋装卸成本＋

价格成本＋信息成本＋包装成本

存货持有成本，指农产品在仓储阶段发生的仓储费用、资金利息以及库存资金占有的机会成本。

运输成本，指农产品再运输（公路、铁路、空运）过程中发生的费用。

装卸成本，指在农产品装卸、搬运过程中发生的费用，包括因作业不当造成的设施闲置成本。

加工费用，指农产品在加工过程中发生的费用。

信息成本，指农产品企业在信息发布、采集方面的费用。

包装成本，指农产品再配送前发生的包装费用。

管理费用，指农产品物流企业在内部发生的管理费用。

6.2 贵州省企业实际物流成本构成

根据课题的研究内容，经过对贵州省9个地州市企业的调研，总结出了物流企业、工业企业、商贸企业以及农业企业的物流成本构成情况，总结如下。

6.2.1 工业企业物流成本构成

经过调查走访，发现贵州省大部分的工业企业对物流业务进行外包，其成本构成情况如下：

物流成本＝原材料采购运输费用＋产品运输费用＋仓库租赁费＋

仓库折旧费＋设备折旧费＋管理费用＋税费

或   物流成本＝外包物流费

6.2.2 商贸企业物流成本构成

经过调查，贵州省的大部分商贸企业也是通过第三物流的方式实现物流活动的，其物流成本构成情况如下：

$$物流成本 = 运输费用 + 仓库保管费用 + 仓库租赁费 + 装卸费 + 税费$$
或
$$物流成本 = 外包物流费$$

6.2.3 农业企业物流成本构成

经过调查，贵州省农业企业的物流成本构成如下：

$$物流成本 = 运费 + 产地装车费 + 销地卸车费 + 包装费 + 场地租用费$$

总之，贵州省大部分企业的物流成本由运输成本、仓储成本、装卸搬运成本、物流管理成本等显性成本组成，不符合科学的物流成本核算体系，导致企业错误认识物流成本与公司总成本的关系，不利于企业的决策与战略规划。

6.3 物流成本管理现状

6.3.1 物流成本控制手段单一

目前企业物流成本控制手段较为单一。根据企业性质，企业物流成本控制主要分为两类：一是独立第三方物流成本控制；二是企业内部控制。从前者来看，第三方物流企业成本又可分为三类，即运输费用、保管费用、管理费用。在实际运作中，这些费用都会受到外在因素包括环境因素、制度因素等的影响，由此造成企业物流成本控制手段单一、效果欠佳。从后者来看，受国内现有会计制度限制，企业内部往往无法实现物流各项成本的单独、分类核算。目前企业的主要做法是将运输成本作为一个整体，即将其视作组成产品成本的一个整体部分来进行核算。由此，导致企业无法对企业物流成本进行全局规划，进而无法对各项成本进行精确核算。

6.3.2 运输费用长期居高不下

伴随国内物流业发展，物流运输费用长期居高不下。2014～2016年，运输费用占物流总成本的比重均超过了50%。在居高不下的运输成本构成中，燃油费和路桥梁收费两者占比合计达到七成多，其余人工成本、车辆保险损耗占比不到三成。究其原因，一方面，国内交通运输配套设施建设滞后，大大增加了物流企业成本支出；另一方面，国内物流面临严峻的收费问题，并呈现出"乱、多、高"现象，大大加剧了企业物流成本负担。

6.3.3 保管费用连年增长

一般情况下，物流总费用主要由运输费用、保管费用、管理费用三部分组成。以保管费用为例，在物流成本构成中，保管费用连年增长，与运输费用一起几乎占据社会物流总费用的一半。原因在于国内物流企业的搬运、装卸、仓储等水平偏低，基本没有实现自动化与信息化管理，尤其是中小物流企业的这些问题表现突出，导致我国物流保管费用长期居高不下。

6.3.4　企业物流服务意识淡薄

随着法律的普及和时代的进步，消费者的维权意识逐渐增强，企业不能再马马虎虎，做物流必须提高自己的服务标准，加强物流服务意识，为消费者提供舒适的服务，以满足社会的需求。目前，很多企业重视利润，忽视消费者的真实感受，不去设身处地为消费者着想，服务意识淡薄，认为这与利润无关，从而使消费者的满意度下降，破坏了整个物流业的大环境，对物流业起到了负作用。

6.3.5　缺乏专业的物流人才

由于经济的快速发展，企业对人才的需求量逐年增加，很多优秀企业把人才作为企业的核心竞争力，不留余力的发掘和培养人才。据不完全统计，目前全省物流从业人员超过 20 万人，其中物流专业操作人员、经营管理人员及信息技术人员不多，具备高级物流师资质的从业人员更屈指可数。对于物流业刚起步的市州或县级物流企业而言，物流技术管理专业人才更加缺少，相当部分的物流操作人员文化水平不高、经验不足、专业素质低、服务意识差，导致物流服务水平低。整体而言，目前贵州专业物流人才极为缺乏，而高素质的物流人才则更为稀缺。问卷调查发现，样本企业中 70% 以上的企业认为目前企业物流人才素质一般，而超过半数样本企业认为，众多类型人才中，具有系统化供应链管理思想，熟悉电子商务物流、国际物流和配送管理知识的综合型高级物流人才最为紧缺。

7 贵州省社会物流成本计算及其在 GDP 中占比分析

对于贵州省社会物流成本的计算及其 GDP 占比分析，本书采用的是统计方法中的抽样调查与总体总量推算法。其基本原理是首先根据一定的原则，在全部统计对象中（称之为全及总体）和部分对象（称之为样本总体）进行统计调查。这里的全及总体即全社会企业，现将其分为四大行业：物流行业、工业行业、商贸行业与农业行业；这里的样本总体即是调研抽取的样本企业。基于调研，得到样本总体的有关数据资料，然后，采用适当的推算方法，由样本总体数据资料推算全及总体总量的数据资料。在这一调查与推算过程中，如何进行总体总量推算是一关键问题，这不仅影响推算结果的准确性，也决定着调查与推算的可行性，对于抽样调查也提出相应的要求。

目前，在理论上较为成熟、典型的抽样调查与抽样推断方法是利用相关分析和比例结构分析原理，研究和归纳出另外两种抽样调查与总体总量推算方法，即抽样调查与相关分析推算法和抽样调查与比例推算法。

7.1 相关分析推算法计算贵州省物流成本总额及其 GDP 占比分析

利用调研企业数据推算贵州省物流成本总额，进而计算出物流成本总额占 GDP 的比例。

7.1.1 物流企业分析

本次研究，调查了 35 家物流企业，加上贵州物流行业协会问卷调查的 150 家物流企业，总量达 185 家，样本结构达到要求。

以下为 5 家具有代表性的物流企业的数据情况，分别为贵州凉都物流商贸有限公司、雷鑫物流有限公司、贵州水钢物流物流有限责任公司、毕节黔金叶货物运输有限责任公司以及黔西南威铁物流有限公司，具体数据见表 7-1。

表 7-1 典型企业数据

企 业 名 称	货运量/t	货运周转量/t·km	物流费用/万元
贵州凉都物流商贸有限公司	30000	900000	800

企 业 名 称	货运量/t	货运周转量/t·km	物流费用/万元
雷鑫物流有限公司	5000	200000	420
贵州水钢物流物流有限责任公司	40000	600000	1350
毕节黔金叶货物运输有限责任公司	52000	12000000	1500
黔西南威铁物流有限公司	35000	900000	450

经过相关分析，发现物流费用与货运量和货运周转量存在强相关关系。于是，设物流费用 Y 为因变量，货运量与货运周转量分别为自变量（X_1 和 X_2）。根据调查问卷所得到的企业的物流费用、货运量、货运周转量建立相关模型，得到：

$$Y_i = c + b_1 X_{1i} + b_2 X_{2i}$$

式中，Y_i 为第 i 个企业的物流费用；X_{1i} 为自变量 1（货运量）第 i 个统计观察值；X_{2i} 为自变量 2（货运周转量）第 i 个统计观察值；b_i 为回归系数，可利用 X、Y 的历史数据求出；c 为常数项。

根据问卷调查所得到的数据，进行相关分析，如图 7-1 所示。

根据数据计算可得物流企业成本模型为：

$$Y = 1.29 \times 10^{-6} X_{1i} + 2.11 \times 10^{-8} X_{2i} + 254.5745$$

2015 年贵州省的货运量和货运周转量分别为 848500000t 和 139251000000t·km，则物流总费用为 3777.596942 亿元，占当年全省 GDP（10502.56 亿元）的 36%。

2016 年货运量和货运周转量分别为 876670000t 和 137656000000t·km，则 2016 年物流行业总费用为 4288.934165 亿元，占 2016 年全省 GDP（11734.43 亿元）的 36.55%。

2017 年货运量和货运周转量分别为 946268100t 和 154452000000t·km，则 2017 年物流行业总费用为 4733.123384 亿元，占 2017 年全省 GDP（13540.83 亿元）的 35%。

相比之下，目前贵州省的物流整体发展水平仍较为落后，缺少行业"领头羊"，现代物流处于发展阶段，存在着物流企业成本分析与控制意识淡薄、运输网络不健全造成的不合理运输、运输市场混乱、竞争激烈、物流集约化程度欠缺、进出流量不平衡等问题。所以大部分的物流企业仍受"成本中心学说"的困扰，而未发展成为利润中心，所以物流企业的成本在社会物流总成本仍占很大比重。

7.1.2 工业企业分析

本次研究，调查了 23 家工业企业，分布行业有轮胎生产、食品加工、新材料、电器生产、建材生产、布匹生产等。以下为 5 家有代表性的工业企业的数据情况，分别为都匀市黔林食品有限责任公司、贵州大龙汇成新材料有限公司、贵州力维云液压有限公司、安顺油脂集团以及瑞都集团，具体数据见表 7-2 所示。

表 7-2　典型工业企业数据情况

企 业 名 称	营业收入/万元	工业增加值/万元	物流费用/万元
都匀市黔林食品有限责任公司	2000	1500	260
贵州大龙汇成新材料有限公司	4100	2500	400
贵州力维云液压有限公司	8000	6000	660
安顺油脂集团	5000	3850	500
瑞都集团	3500	2995	350

经过相关分析，发现工业企业物流费用与营业收入和工业增加值存在强相关关系。于是，设物流费用 Y 为因变量，营业收入与工业增加值分别为自变量 X_1 和 X_2。根据调查问卷所得到的企业的物流费用、营业收入、工业增加值建立相关模型，得到：

$$Y_i = c + b_1 X_{1i} + b_2 X_{2i}$$

式中，Y_i 为第 i 个企业的物流费用；X_{1i} 为自变量 1（营业收入）第 i 个统计观察值；X_{2i} 为自变量 2（工业增加值）第 i 个统计观察值；b_i 为回归系数，可利用 X、Y 的历史数据求出。

根据数据计算可得工业企业成本模型为：

$$Y = 2.31726 \times 10^{-4} X_{1i} - 7.05738 \times 10^{-5} X_{2i} + 125.9938882$$

2015 年贵州省的工业增加值和营业收入为 35501300 万元和 93762000 万元，则物流费用为 1575.32 亿元，占当年全省 GDP（10502.56 亿元）的 15%。

2016 年贵州省的工业增加值和营业收入为 40321100 万元和 108406000 万元，则物流费用为 1818.84 亿元，占当年全省 GDP（11734.43 亿元）的 15.5%。

2017 年贵州省的工业增加值和营业收入为 43048000 万元和 113009500 万元，则物流费用为 2125.848531 亿元，占 2017 年全省 GDP（13540.83 亿元）的 15.7%。

通过调研发现，贵州省内绝大部分的工业企业的物流业务都采用外包的形式交由第三方物流企业完成。但同时工业企业中业存在着物流业与工业联动效应不足，物流社会化程度低、工业基础薄弱、产业集聚度不高等问题，而且也受社会上第三方物流企业自身发展的影响，使得工业企业的物流支出很大。

7.1.3　商贸企业分析

本次研究，调查了 21 家商业企业，分布行业有大型超市、灯具、家具、日用品批发商户和零商户等。以下为 5 家典型的商贸企业情况，分别为遵义远正摩托车销售有限公司、欧神诺奢瓷体验馆、贵州凯里市隆丰商贸城、兴义市浙兴商贸城以及遵义双圆商贸有限公司，具体数据见表 7-3。

表 7-3　商贸样本企业数据

企　业　名　称	营业收入/万元	商品销售总额/万元	物流费用/万元
遵义远正摩托车销售有限公司	1850	2000	300
欧神诺奢瓷体验馆	1100	1250	120
贵州凯里市隆丰商贸城	1500	1650	160
兴义市浙兴商贸城	700	980	80
双圆商贸有限公司	300	500	40

经过相关分析，发现商贸企业物流费用与营业收入和商品销售总额存在强相关关系。于是，设物流费用 Y 为因变量，营业收入与商品销售总额分别为自变量 X_1 和 X_2。根据调查问卷所得到的企业的物流费用、营业收入、商品销售总额建立相关模型，得到：

$$Y_i = c + b_1 X_{1i} + b_2 X_{2i}$$

式中，Y_i 为第 i 个企业的物流费用；X_{1i} 为自变量 1（营业收入）第 i 个统计观察值，；X_{2i} 为自变量 2（商品销售总额）第 i 个统计观察值；b_i 为回归系数，可利用 X、Y 的历史数据求出。

根据数据计算可得商贸企业成本模型为：

$$Y = 3.62828 \times 10^{-4} X_{1i} - 2.47208 \times 10^{-4} X_{2i} + 57.55660034$$

2015 年贵州省的社会消费品零售总额和商品销售总额分别为 32830200 万元和 47116900 万元，则物流费用为 934.72 亿元，占当年全省 GDP（10502.56 亿元）的 8.9%。

2016 年贵州省的社会消费品零售总额和商品销售总额分别为 37089900 万元和 50302300 万元，则物流费用为 1079.56756 亿元，占 2017 年全省 GDP（11734.43 亿元）的 9.2%。

2017 年贵州省的社会消费品零售总额和商品销售总额分别为 41540000 万元和 56545100 万元，则物流费用为 1150.904839 亿元，占 2017 年全省 GDP（13540.83 亿元）的 8.5%。

根据计算结果看出，商贸企业物流成本在 GDP 中的占比低，其原因是其商品价值相对高。所以物流成本对其影响非常小，甚至可以忽略不计。

7.1.4 农业企业分析

本次研究，调查了 28 家农业企业，这里的农业企业是指农产品生产、加工和流通企业，分布行业有养殖场、农业基地、农产品批发商等。主要调查农产品产出到消费者全过程的物流成本，不包括为了生产农产品原材的物流成本（该类成本属于生产企业发生的物流成本）。以下为 5 家有代表性的农业企业的数据情况，分别为都匀农贸市场橘子批发、毕节农贸市场柚子批发、兴义农贸土豆批发、安顺农贸香蕉批发以及凯里农贸市场橘子批发，具体数据见表 7-4。

表 7-4 典型农业企业数据情况

企 业 名 称	货运量/t	销售收入/万元	物流费用/万元
都匀农贸市场橘子批发	240	91.2	12.14
毕节农贸市场柚子批发	108	54	19.8
兴义农贸土豆批发	432	47.52	13.38
安顺农贸香蕉批发	480	96	21.6
凯里农贸市场橘子批发	432	259.2	29.4

经过相关分析，发现农业企业物流费用与货运量和销售收入存在强相关关系。于是，设物流费用 Y 为因变量，货运量与销售收入分别为自变量 X_1 和 X_2。根据调查问卷所得到的企业的物流费用货运量、销售收入建立相关模型，得到：

$$Y_i = c + b_1 X_{1i} + b_2 X_{2i}$$

式中，Y_i 为第 i 个企业的物流费用；X_{1i} 为自变量 1（货运量）第 i 个统计观察值；X_{2i} 为自变量 2（销售收入）第 i 个统计观察值；b_i 为回归系数，可利用 X、Y 的历史数据求出。

根据数据计算可得农业企业成本模型为：

$$Y = 8.05392 \times 10^{-6} X_{1i} + 5.38826 \times 10^{-5} X_{2i} + 4.774177$$

2015 年贵州省的农产品产量和农业增加值为 32022400t 和 17126600 万元，则物流总费用为 1155.28 亿元，占当年全省 GDP（10502.56 亿元）的 11%。

2016 年贵州省的农产品产量和农业增加值为 36576600t 和 19446600 万元，

则物流总费用为 1342.418792 亿元，占当年全省 GDP（11734.43 亿元）的 11.44%。

2017 年贵州省的农产品产量和农业增加值为 34207100t 和 21284800 万元，则物流总费用为 1427.156267 亿元，占当年全省 GDP（13540.83 亿元）的 10.5%。

农业企业由于受国家政策红利，免收高速公路收费，并且运费相比较低，所以总体来说物流成本也不太高。

7.1.5　贵州省物流总成本占全省 GDP 比例分析

（1）2015 年贵州省物流成本占全省 GDP 的比例。根据以上各行业物流成本与全省 GDP 关系分析，2015 年贵州省内物流企业、工业企业、商贸企业、农业企业的物流总成本占全省 GDP 的比例分别为 36%、15%、8.9%、11%，而各个行业占全省 GDP 的比例分别为 8.8%、31.6%、6.2%、15.6%。从而，加权所得 2015 年贵州省物流成本占全省 GDP 的比例为：

$$(36\% \times 8.8\% + 15\% \times 31.6\% + 8.9\% \times 6.2\% + 11\% \times 15.6\%)/(8.8\% + 31.6\% + 6.2\% + 15.6\%) = 16.4\%。$$

（2）2016 年贵州省物流成本占全省 GDP 的比例。根据以上各行业物流成本与全省 GDP 关系分析，2016 年贵州省内物流企业、工业企业、商贸企业、农业企业的物流总成本占全省 GDP 的比例分别为 36.55%、15.5%、9.2%、11.44%，而各个行业占全省 GDP 的比例分别为 8.4%、34.4%、6.2%、16.6%。从而，加权所得 2016 年贵州省物流成本占全省 GDP 的比例为：

$$(36.55\% \times 8.4\% + 15.5\% \times 34.4\% + 9.2\% \times 6.2\% + 11.44\% \times 16.6\%)/(8.4\% + 34.4\% + 6.2\% + 16.6\%) = 16.6\%。$$

（3）2017 年贵州省物流成本占全省 GDP 的比例。根据以上各行业物流成分与 GDP 关系分析，2017 年贵州省内物流企业、工业企业、商贸企业、农业企业的物流总成本占全省 GDP 的比例分别为 35%、15.7%、8.5%、10.5%，而各个行业占全省 GDP 的比例分别为 8.2%、31.7%、6%、15.4%。从而，加权所得 2017 年贵州省物流成本占全省 GDP 的比例为：

$$(35\% \times 8.2\% + 15.7\% \times 31.7\% + 8.5\% \times 6\% + 10.5\% \times 15.4\%)/(8.2\% + 31.7\% + 6\% + 15.4\%) = 16.3\%。$$

7.2　比例推算法计算贵州省物流成本总额及其占全省 GDP 比例分析

根据企业的物流成本占企业 GDP 的比重推算行业的物流成本占行业 GDP 的比重，最后再推全省的物流成本占全省 GDP 的比重。

企业的物流成本占企业 GDP 的比重 = 企业物流成本/企业收入，企业的收

入有以下几种核算方法:

(1)企业以货币形式和非货币形式从各种来源取得的收入,为收入总额。包括销售货物收入、提供劳务收入、转让财产收入、股息、红利等权益性投资收益、利息收入、租金收入、特许权使用费收入、接受捐赠收入和其他收入。

(2)企业收入=企业销售收入+企业的库存产品(含原材料、半成品等)+企业的现金、维修费、增添的与生产有关的设备和科研的投入。

(3)企业收入=经营活动产生的现金净流量+投资活动产出的现金收入-筹资活动产生的现金支出。

抽样调查统计后,整理得到每个企业的物流成本占企业 GDP 比重,用算术平均法计算得出整个行业的物流成本占行业 GDP 的比重,从贵州省统计公报中可以查到贵州省每个行业 GDP 占全省 GDP 的比例,用加权平均法计算得出全省的占比,结果见表 7-5。

表 7-5　GDP 比重情况表 1

企　业	物流成本占企业 GDP 的比重/%	行业占整个 GDP 的比重/%
工业企业	12.3	31.6
商贸企业	9.3	6.2
物流企业	68.4	8.8
农业企业	19.7	15.6

社会物流成本占全省 GDP 比重

$$= 12.3\% \times 31.6\% + 9.3\% \times 6.2\% + 68.4\% \times 8.8\% +$$

$$19.7\% \times 15.6\%) / (31.6\% + 6.2\% + 8.8\% + 15.6\%)$$

$$= 21.8\%$$

从以上计算可以得出贵州省的社会物流成本占全省 GDP 比例为 21.8%,由于物流企业是第三方,是为其他企业服务的,所以物流企业的物流成本和其他企业的物流成本在运输费用方面重复计算,故剔除物流企业的物流成本中运输费用这一块,进而得出数据见表 7-6。

表 7-6　GDP 比重情况表 2

企　业	物流成本占企业 GDP 的比重/%	行业占整个 GDP 的比重/%
工业企业	12.3	31.6
商贸企业	9.3	6.2
物流企业	36.1	8.8
农业企业	19.7	15.6

重新计算的社会物流成本占全省 GDP 比重

$$= (12.3\% \times 31.6\% + 9.3\% \times 6.2\% + 36.1\% \times 8.8\% +$$
$$19.7\% \times 15.6\%) / (31.6\% + 6.2\% + 8.8\% + 15.6\%)$$
$$= 17.2\%$$

以上计算表明，贵州省社会物流成本占全省 GDP 比例为 17.2%，与贵州省统计公报中数据基本吻合。

7.3 直线趋势外推法预测贵州省社会物流成本占 GDP 比例

7.3.1 直线趋势外推法——拟合直线方程法原理

拟合直线外推方程法是根据时间序列的长期变动趋势，运用数理统计，确定待定参数，建立直线预测模型，并用之进行预测的一种定量预测分析法。

（1）拟合直线方程法原理。拟合直线方程法的原理是最小二乘原理。它是依据时间序列数据拟合出一条直线形态的趋势线，使该直线的预测值与实际观测值之间的离差平方和最小。

设有 n 个时间序列观测值 (x_1, y_1)，(x_2, y_2)…，待求得拟合直线为 AB，它使 n 个观测值对该直线的离差分别为 e_1，e_2，…其中 AB 直线上方一侧的离差为正离差，下方一侧为负离差。为了避免正负离差的相互抵消，应采用离差平方和 $\sum\limits_{t=1}^{n} e_t^2$ 的大小来反映拟合直线的拟合效果。最小二乘法就是利用数学上的微分极值原理，将离差平方和趋于最小的拟合直线作为最佳的一条预测直线方程，从而提高预测的精度。

（2）拟合直线方程法的数学模型。设该直线方程为：

$$\hat{y}_t = \hat{a} + \hat{b} x_t$$

式中 $\hat{y}_t$——第 t 期的预测值；

x_t——自变量，表示 t 期的编号取值；

$\hat{a}$——趋势直线在 y 轴上的截距；

$\hat{b}$——趋势直线的斜率。

假设 y_t 为时间序列第 t 期的实际观测值（$t = 1, 2, \cdots, 10$），$\hat{y}_t$ 为趋势直线的第 t 期预测值，e_t 为第 t 期实际观测值与预测值的离差，则：

$$e_t = y_t + \hat{y}_t = y_t - \hat{a} - \hat{b} x_t$$

假设 Q 为总离差的平方和，则：

$$Q = \sum_{t=1}^{n} e_t^2 = \sum_{t=1}^{n} (y_t + \hat{y}_t)^2 = \sum_{t=1}^{n} (y_t - \hat{a} - \hat{b} x_t)^2$$

上式中，y_t、x_t 的取值均已确定，Q 的大小实际上取决于待定系数 $\hat{a}$ 和 $\hat{b}$ 的取值，也就是说上式中 Q 实际上是以 $\hat{a}$、$\hat{b}$ 为自变量的二元函数。所以，为使 Q 值为最小，可分别对 $\hat{a}$ 和 $\hat{b}$ 求偏导，并令之为零，即

$$\frac{\partial Q}{\partial \hat{a}} = \frac{\partial}{\partial \hat{a}} \sum_{t=1}^{n} (y_t - \hat{a} - \hat{b}x_t)^2 = 0$$

$$\frac{\partial Q}{\partial \hat{b}} = \frac{\partial}{\partial \hat{b}} \sum_{t=1}^{n} (y_t - \hat{a} - \hat{b}x_t)^2 = 0$$

将上面两个式子进行联立求解得：

$$\hat{a} = \hat{y} - \hat{b}\overline{x}$$

$$\hat{b} = \frac{\sum_{t=1}^{n} (x_t - \overline{x})(y_t - \overline{y})}{\sum_{t=1}^{n} (x_t - \overline{x})^2}$$

其中

$$\overline{x} = \frac{\sum_{t=1}^{n} x_t}{n}, \quad \overline{y} = \frac{\sum_{t=1}^{n} y_t}{n}$$

经过化简可得到：

$$\hat{a} = \frac{\sum_{t=1}^{n} y_t}{n} = \overline{y}$$

$$\hat{b} = \frac{\sum_{t=1}^{n} x_t y_t}{\sum_{t=1}^{n} x_t^2}$$

7.3.2 贵州省物流成本占全省 GDP 比例预测实例

设近 5 年（2011~2015 年）的观察值（社会物流成本，全省 GDP）分别为（1043.44，5701.84）（1219.69，6852.20）（1407.11，8086.86）（1566.02，9266.39）（1722.42，10502.56），单位为万元则社会物流成本与全省 GDP 比值分别为 18.3%，17.9%，17.3%，16.9%，16.4%。这 5 年 t 值分别为 -2，-1，0，1，2。

利用时间序列方法可得：

$$\hat{a} = \frac{\sum_{t=-2}^{2} y_t}{n} = 17.36\%$$

$$\hat{b} = \frac{\sum\limits_{t=-2}^{2} x_t y_t}{\sum\limits_{t=-2}^{2} x_t^2} = -0.0044$$

$$y = \hat{a} + \hat{b}x_t = 17.36\% - 0.0044x_t$$

上式即为贵州省社会物流成本与全省 GDP 的比例预测公式，2016 年、2017 年的比例为第 3 期、第 4 期预测值，即 t 为 3 和 4，代入公式求得 2016 年、2017 年贵州省社会物流成本与全省 GDP 的比例为 16.04% 和 15.6%。

7.4　贵州省社会物流成本占全省 GDP 比值综合分析

7.4.1　2015 年社会物流成本占全省 GDP 比值

采用上述三种方法分别求出 2015 年贵州省社会物流成本占全省 GDP 比值分别为 16.4%、17.2% 和 16.04%。经咨询有关专家，结合贵州省物流发展实际，决定运用算术平均法确定 2015 年贵州省社会物流成本占全省 GDP 比值。

经计算，2015 年贵州省社会物流成本占全省 GDP 比值为 16.55%。

7.4.2　2016 年社会物流成本占全省 GDP 比值

采用相关分析推算法计算 2016 年贵州省物流成本占全省 GDP 比值为 16.6%，利用时间序列方法求出 2016 年贵州省物流成本占全省 GDP 比值为 16.04%。比例推算法计算物流成本占全省 GDP 比例需要 2016 年样本企业的当年 GDP，由于本次研究的调研是在 2016 年开展的，所取得的数据为 2015 年数据，考虑到 2015 ~ 2016 年企业变化不大，因此，比例推算法计算物流成本占全省 GDP 比例采用 2015 年数据，即 17.2%。

所以，由上述三种方法分别求出（或引用）2016 年贵州省社会物流成本占全省 GDP 比值为 16.6%、17.2% 和 16.04%。结合贵州省物流发展实际，决定采用算术平均法确定 2016 年贵州省社会物流成本占全省 GDP 比值。

经计算，2016 年贵州省社会物流成本占全省 GDP 比值为 16.61%。

7.4.3　2017 年社会物流成本占全省 GDP 比值

采用相关分析推算法计算 2017 年贵州省物流成本占全省 GDP 比值为 16.3%，利用时间序列方法求出 2017 年贵州省物流成本占全省 GDP 比值为 15.6%。比例推算法计算物流成本占全省 GDP 比例需要 2017 年样本企业的当年 GDP，由于缺乏当年的调研数据，考虑到 2015 ~ 2017 年企业变化不大，因此，比例推算法计算物流成本占全省 GDP 比例采用 2015 年数据，即 17.2%。

所以，由上述三种方法分别求出（或引用）2017 年贵州省社会物流成本占全省 GDP 比值为 16.3%、17.2% 和 15.6%。经咨询有关专家，结合贵州省物流发展实际，决定运用算术平均法确定 2017 年贵州省社会物流成本占全省 GDP 比值。

经计算，2017 年贵州省社会物流成本占全省 GDP 比值为 16.37%。

8 贵州省物流成本与高速公路通行费关系分析

8.1 贵州省高速公路通行费收费情况

8.1.1 贵州省高速公路通行费收费标准

8.1.1.1 基本费率

高速、一级收费公路计重收费基本费率为 0.09 元/(吨·千米)，桥梁、隧道计重收费基本费率为 0.32 元/(吨·千米)，二级公路（封闭、半封闭式）货车计重收费标准由省物价局、省交通厅参照二级公路（封闭、半封闭式）收费标准同高速、一级公路收费标准的比值进行核定。

8.1.1.2 高速、高等级公路货车试行计重收费后通行费计算方法

正常装载的合法运输车辆（以下简称"正常车辆"）行驶试行计重收费的公路时，以收费站实际测量确定的车货总重为依据，车货总质量不足 5t 的，按 5t 计收；小于 20t（含 20t）的车辆，按基本费率计算确定车辆通行费收费标准；20~40t（含 40t）的车辆，20t 及以下部分，按基本费率计收，20t 以上的部分，按基本费率线性递减到基本费率的 70% 计收；大于 40t 的车辆，20t 及以下的部分，按基本费率计收，20~40t 的部分，按基本费率线性递减到基本费率的 70% 计收，超过 40t 的部分按基本费率的 70% 计收。

超过公路承载能力的车辆行驶试行计重收费的公路时，总轴重超过该车对应的公路承载能力认定标准 30% 以内（含 30%）的车辆，该车车货总重中符合公路承载能力认定标准的重量部分按正常车辆的计算方法计重收取通行费，其超限部分按正常车辆的基本费率计重收取车辆通行费；总轴重超过该车对应的公路承载能力认定标准 30%~100%（含 100%）的车辆，该车车货总重中符合公路承载能力认定标准的重量部分按正常车辆的计算方法计重收取通行费，该车超出公路承载能力认定标准 30% 的重量部分，按正常车辆的基本费率收取车辆通行费，超过公路承载能力认定标准 30% 以上的重量部分，其费率由车货总重与公路承载能力认定标准的比值确定，当比值由 1.3 递增到 2 时，按基本费率的 2 倍线性递增至

6 倍计重收取车辆通行费；总轴重超过该车对应的公路承载能力认定标准 100%
以上的车辆，该车车货总重中符合公路承载能力认定标准的重量部分按正常车辆
的计算方法计重收取通行费，该车车货总重中超出公路承载能力认定标准 30%的
重量部分，按正常车辆的基本费率收取车辆通行费，超过公路承载能力认定标准
30%以上的部分重量，其费率按基本费率的 6 倍计重收取车辆通行费。

8.1.1.3　计重收费通行费费额计算公式

A　正常装载的合法运输车辆通行费计算公式

正常装载时，$G/W \leqslant 1.0$

若　　　　　　　$G \leqslant 20$，$N = G \times K_1 M \times L$

　　　　　　　$20 < G \leqslant 40$，$N = 20ML + 1/2(G-20)(1+K_1)ML$

　　　　　　　$G > 40$，$N = 20ML + 10(1+K_1)ML + (G-40)K_1ML$

式中　G——车货实际总重，t；

　　　W——行驶车辆所对应的公路承载能力认定标准（吨），当车辆各轴对应
的轴重认定标准之和与该车对应的车货总重认定标准不一致时，以
二者之间较小值作为该车对应的公路承载能力认定标准；

　　　L——车辆行驶的实际计费里程，km；

　　　M——基本费率，元/(吨·千米)；

　　　N——车辆应缴费额，元；

　　　K_1——基本费率递减调节系数。

其中，K_1 按如下方式计算：

当 $G \leqslant W$ 时，

若　　　　　　　　　　$G \leqslant 20$，$K_1 = 1$

　　　　　　　　　　　$20 < G \leqslant 40$，$K_1 = 1.3 - 0.015G$

　　　　　　　　　　　若 $G > 40$，$K_1 = 0.7$

当 $G > W$ 时，

若　　　　　　　　　　$W \leqslant 20$，$K_1 = 1$

　　　　　　　　　　　$20 < W \leqslant 40$，$K_1 = 1.3 - 0.015W$

　　　　　　　　　　　$W > 40$，$K_1 = 0.7$

B　超过公路承载能力的车辆通行费计算公式

(1) 当 $1.0 < G/W \leqslant 1.3$ 时，

若　$W \leqslant 20$，$N = G \times M \times L$

　　$20 < W \leqslant 40$，$N = 20ML + 1/2(W-20)(1+K_1)ML + (G-W)ML$

　　$W > 40$，$N = 20ML + 10(1+K_1)ML + (W-40)K_1ML + (G-W)ML$

(2) 当 $1.3 < G/W \leqslant 2.0$ 时，

若　　　　$W \leq 20$，$N = 1.3WML + (G - 1.3W)K_2ML$

$20 < W \leq 40$，$N = 20ML + 1/2(W - 20)(1 + K_1)ML + 0.3WML +$
$(G - 1.3W)K_2ML$；

$W > 40$，$N = 20ML + 10(1 + K_1)ML + (W - 40)K_1ML +$
$0.3WML + (G - 1.3W)K_2ML$

式中　K_2——超过公路承载能力的收费调节系数，$K_2 = (40G/W - 38)/7$。

（3）当 $G/W > 2.0$ 时，

若　　　　$W \leq 20$，$N = 1.3WML + (G - 1.3W)K_3ML$

$20 < W \leq 40$，$N = 20ML + 1/2(W - 20)(1 + K_1)ML +$
$0.3WML + (G - 1.3W)K_3ML$；

$W > 40$，$N = 20ML + 10(1 + K_1)ML + (W - 40)K_1ML +$
$0.3WML + (G - 1.3W)K_3ML$

式中　K_3——超过公路承载能力的最大基本费率递增调节系数值，$K_3 = 6$。

　　为提高高速公路通行效率，减少收费站点，提升高速公路服务水平，贵遵、崇遵、清镇等 12 条高速公路于 2009 年 9 月 28 日实现联网收费，按照《贵州省人民政府办公厅关于调整收费公路车辆通行费标准和高速高等级公路货车试行计重收费有关问题的通知》（黔府办发［2007］37 号）的要求，贵州省高速公路联网收费车辆通行费标准按上述公式进行核算。同时，按照交通部《收费公路车辆通行费车型分类》（JT/T 489—2003），将贵州省货车车辆车型分类的标准统一为交通部颁布的标准，货车车型从六类调整为五类，车辆吨位折算系数见表 8-1。

表 8-1　贵州省高速、高等级公路车型分类及车辆吨位折算系数

车型分类	类别	车 型 及 规 格	
		货车	车辆吨位折算系数
A	一类	≤2t	1.5
B	二类	2~5t（含5t）	3.5
C	三类	5~10t（含10t）	6
D	四类	10~15t（含15t） 20 英尺集装箱车	7.5
E	五类	>15t 40 英尺集装箱车	9.5

注：1 英尺（ft）= 0.3048 米（m）。

8.1.2　贵州省高速公路通行费情况

　　根据 2011~2017 年高速公路通行费情况来看，总收费逐年递增，货车收费

从 2011~2014 年均保持了较大幅度增长,见表 8-2,但是在 2015 年出现了下降,究其原因,主要为 2015 年政府引导煤矿、钢铁等企业去产能,货运量骤减导致。随着经济的逐步发展,2016 年以来出现了恢复性增长,达到了 23.70%。

表 8-2 贵州省高速公路通行费情况

年份	总收费/万元	货车收费/万元	货车收费增长率/%	货车收费/总收费/%
2011	502778.51	304356.25	—	60.53
2012	585180.36	337680.67	10.95	57.71
2013	782982.89	443444.53	31.32	56.64
2014	970578.75	515318.31	16.21	53.09
2015	1132646.27	537076.28	4.22	47.42
2016	1453093.34	664361.77	23.70	45.72
2017	1695725.88	780604.13	17.50	46.03

货车收费占全省高速公路总收费的比例,呈现逐年递减的态势,从 2011 年的 60.53% 降低到了 2016 年的 45.72%、2017 年的 46.03%,货车收费增幅远远小于客车等其他车型的增速。主要与小客车车辆购置税减免、人民群众购买力增加从而导致上路车辆增加,高速公路建设里程快速增长有较大关系。

8.2 高速公路通行费与社会物流总费用占比分析

将统计出的高速公路货车通行费与 2011~2017 年物流总费用做比值,得出高速公路通行费与社会物流总费用占比见表 8-3。

表 8-3 高速公路通行费与社会物流总费用占比

年 份	货车收费/万元	物流总费用/亿元	比值/%
2011	304356.25	1043.44	2.92
2012	337680.67	1219.69	2.77
2013	443444.53	1407.11	3.15
2014	515318.31	1566.02	3.29
2015	537076.28	1722.42	3.12
2016	664361.77	1990.00	3.34
2017	780604.13	2216.60	3.52

注:2011~2016 年物流总费用数据采用贵州省物流行业协会发布的数据,2017 年采用本书推算的数据。

通过分析，得出 2011~2017 年贵州省高速公路货车通行费与物流总费用平均占比 3.16%，这一结论与全国平均水平接近。因此可以认为，高速公路收费并不是影响社会物流总费用的主要原因，试图通过降低高速公路收费降低全社会物流成本的作用有限。

8.3　贵州省社会物流成本与高速公路通行费的敏感性分析

弹性系数法是在对一个因素发展变化预测的基础上，通过弹性系数对另一个因素的发展变化做出预测的一种间接预测方法。我们知道，高速公路通行费价格与社会物流成本有着紧密的关系。弹性系数是指物流成本对通行费价格的反应灵敏程度，通常计算一个数值来反映，此数值称为弹性系数，也就是当通行费价格变动 1% 时，物流成本变动的百分数。

从理论上讲，通行费价格高，社会物流成本就高；通行费价格降低，物流成本降低，通行费价格与物流成本一般呈正方向变动关系。有两种情况：一方面当通行费价格变化时，社会物流成本变化的程度很小，甚至没有变化；另一方面，通行费价格变化时，社会物流成本变化的幅度很大。

但在实际调研中发现，在一定通行价格下，一个地区的高速公路总收费额越多，节约的物流费用就越多。贵州省的物流总费用逐年增加，这是由于货运周转量增加所致，相反单位车辆或单位产品的物流成本反而是随着高速公路总收费额的增加而降低。

8.3.1　弹性系数的获取

2011~2017 年贵州省社会物流成本见表 8-4。

表 8-4　2011~2017 年贵州省社会物流成本

年　份	社会物流成本/亿元	年增长率/%
2011	1043.44	—
2012	1219.69	16.89
2013	1407.11	15.37
2014	1566.02	11.29
2015	1722.42	9.99
2016	1990.00	15.54
2017	2216.60	11.39
平均值	1595.04	13.41

2011~2017 年贵州省高速公路货车收费见表 8-5。

表 8-5 2011~2017 年贵州省高速公路货车收费

年　份	货车收费/万元	年增长率/%
2011	304356.25	—
2012	337680.67	10.95
2013	443444.53	31.32
2014	515318.31	16.21
2015	537076.28	4.22
2016	664361.77	23.70
2017	780604.13	17.50
平均值	511834.56	17.32

由表 8-4 和表 8-5 可知，贵州省社会物流成本平均年增长率为 13.41%，贵州省高速公路货车收费平均年增长率为 17.32%，则弹性系数 E_d 可计算为：

$$E_d = 17.32\% / 13.41\% = 1.29$$

故高速公路货车收费下降 1% 的情况下，社会物流成本相应的下降 1.29%。

8.3.2　预测模型及对全省 GDP 占比贡献分析

运用下列模型分析高速公路收费下降对 2011~2017 年社会物流成本产生的影响：

$$W_1 = W_0 - (E_d \times W_0)$$

式中　E_d——弹性系数；

　　W_0，W_1——通行费变动前后的社会物流成本。

由弹性系数法分析高速公路收费对全省 GDP 的贡献计算见表 8-6。

表 8-6 弹性系数法分析高速公路收费对全省 GDP 贡献

年份	变动前社会物流成本/亿元	变动后社会物流成本/亿元	GDP/亿元	变动前社会物流成本/GDP/%	变动后社会物流成本/GDP/%	占比差/%
2011	1043.44	1029.98	5701.84	18.30	18.06	0.24
2012	1219.69	1203.96	6852.2	17.80	17.57	0.23
2013	1407.11	1388.96	8086.86	17.40	17.18	0.22
2014	1566.02	1545.82	9266.39	16.90	16.68	0.22

续表 8-6

年份	变动前社会物流成本/亿元	变动后社会物流成本/亿元	GDP/亿元	变动前社会物流成本/GDP /%	变动后社会物流成本/GDP /%	占比差/%
2015	1722.42	1700.20	10502.56	16.40	16.19	0.21
2016	1990.00	1964.33	11734.43	16.96	16.74	0.22
2017	2216.60	2188.01	13540.83	16.37	16.16	0.21

注：2011~2016 年物流总费用数据采用贵州省物流行业协会发布的数据，2017 年采用本书推算的数据，故表中 2015 年社会物流成本在 GDP 的占比与本书计算数值有一点偏差。

由表 8-6 可知，高速公路货车收费下降 1%，社会物流成本相应的下降 1.29%，社会物流成本占全省 GDP 的比率也相应下降，但下降幅度很小，只有 0.21%~0.24%，且随着全省 GDP 的增加下降幅度更小。说明降低高速公路货车收费对社会物流成本占全省 GDP 的比率的贡献是非常低的，不足以成为决定性影响因素。

8.4　贵州高速公路通行节约的社会物流费用分析

如前所述，表面上看，高速公路货车收费总额在逐年增加，高速公路货车收费增加了社会物流总费用。但实际上，高速公路货车收费总额增加是因为近年来贵州省高速公路通车里程逐年增加，通行条件改善，很多货车原来走普通道路改走高速，并且，从深层次上高速公路货车收费总额增加反映了高速公路节约了社会物流总费用。本书就货车通行"老路"和通行高速公路的费用对比分析如下：选取贵阳到织金县的线路进行对比分析，因为该线路"老路"路况和高速公路收费水平基本代表贵州总体水平，"老路"为 160km，高速路为 100km。货车选取"前 4 后 8"的四桥车，按载重 20t 计。具体分析见表 8-7。

表 8-7　贵阳到织金货车费用对比分析

通行路段	耗时/h	油费/元	车辆损耗/元	驾驶员工时费及其他费用/元	过路费/元	备注
通行"老路"	5	500	70	80	0	车辆损耗和驾驶员工时费及其他费用，通行"老路"的费用是对比通行高速多出的费用，故通行高速时该两项费用计为 0
通行高速	2	250	0	0	320	
费用差	—	250	70	80	-320	

由上表计算出"前 4 后 8"的四桥车通行 100km 的高速路，在不计时间成本

的情况下，节约的物流费用是 80 元。可以这样认为，在实载通行的情况下，货车收费 320 元，节约物流费用 80 元，比例达 25%。

考虑到货车返程空驶率，货车通行"老路"的费用（车辆损耗和驾驶员工时费及其他费用）会一定程度降低，货车通行高速的收费略有降低，本书以 20% 作为货车收费与节约物流费用的比例来计算全省的节约物流总费用，见表 8-8。

表 8-8 2011~2017 年贵州省高速公路通行节约的社会物流成本

年份	社会物流成本 /亿元	货车收费 /万元	节约物流费用 /万元	节约物流费用与社会物流成本比/%
2011	1043.44	304356.25	60871.25	0.58
2012	1219.69	337680.67	67536.13	0.55
2013	1407.11	443444.53	88688.91	0.63
2014	1566.02	515318.31	103063.66	0.66
2015	1722.42	537076.28	107415.26	0.62
2016	1990.00	664361.77	132872.35	0.67
2017	2216.60	780604.13	156120.83	0.70
合计	11165.28	3582841.94	716568.39	0.63（平均）

从表 8-8 看出，2017 年因贵州省高速公路通行节约了物流总费用 156120.83 万元，2011 年到 2017 年七年总共节约物流总费用近 72 亿元。

从表 8-3 中可以得出，虽然 2011~2017 年贵州省高速公路货车通行费占物流总费用平均为 3.16%，但实际上由于高速公路通行节约了物流费用，单位车辆或单位产品的物流成本得以降低。

一个国家或地区社会物流总成本（物流总费用）的增加，是货运周转量增加、产业结构变化、产业布局调整、交通方式改变等多种因素所致，物流总成本必须维持在一定的水平上，才能使经济良性发展。应该清醒认识到，降低物流成本不是降低社会物流总成本（物流总费用），而是降低单位产品的物流成本。从上面的分析看出，贵州高速公路的修建、通行，降低了单位产品的物流成本。

9 贵州省物流成本影响因素及偏高原因分析

9.1 物流成本的影响因素

9.1.1 企业产品对物流成本的影响

企业的产品是企业的物流对象。因此，企业的产品是影响物流成本的首要因素。不同企业的产品，在产品的种类、性质、体积、质量和物理化学性质方面都可能不同，这些对企业的物流活动如仓储、运输、物料搬运的成本问题均会产生不同的影响。

9.1.1.1 产品的种类与物流成本的关系

统计物流成本在 7 种类别的产品中占销售额的比例，这 7 种产品包括化工产品、木材（包括家具）、纺织品、石化和塑料产品、橡胶产品、主要金属产品、食品和消费品。其中，食品和消费品占销售额的比重最大，达到了 32.01%，其次是主要金属产品，所占比重也将近 30%，而最低是化工产品物流成本，其比重还不到 15%。

9.1.1.2 产品密度对物流成本的影响

产品密度对物流成本也是有影响的，因为产品的密度是由它的质量和体积决定的。而产品的运输成本、仓储成本一般以质量或以体积作为计量标准来计算，所以产品密度对物流成本有直接的影响。两者之间的关系是产品密度的增加，产品重量体积比增大，仓储和运输成本占销售价格的比重呈降低趋势。

9.1.1.3 产品的价值对物流成本的影响

产品的价值不同，需要的物流成本的支持存在差异。在物流成本中运输成本和仓储成本一般是按质量和体积计算的，但价值高的产品的成本支出相对比一般的产品要高。如在国际物流中海运费率的一条重要的原则是：高价值的商品的运费率要高于低价值的商品。此外，运输成本和仓储成本都含有保险费，保险费是按照产品的价值比率来计算的，存储成本中包含的库存维持成本也是产品价值的一定比率来计算的。上述成本的计算看出，产品的价值对物流成本有较大影响。

9.1.1.4 产品的风险性对物流成本核算的影响

产品的风险性是指产品本身存在的易燃性、易损性、易腐性和易于被盗等方面的特性。产品的风险性会对物流活动有一定的限制，从而引起物流成本的上升，如精密度高的产品，对保管和养护条件要求较高，这无疑对物流的各个环节如运输、搬运、仓储等都提出很高的要求，进而引起物流成本核算的增加，再如新鲜的水果、鲜花需要冷藏储存和运输，通常需用使用费用高昂的航空运输。而产品价值高的产品在运输仓储时的防盗措施必不可少。总之，由于产品的风险性而在物流过程中引起特殊防护作业，会增加企业的物流成本。

9.1.2 物流环节对物流成本核算的影响

物流环节的多少、经历时间的长短将直接影响着物流成本的大小。有关资料显示，在物料形成产品的总生产时间中，真正的加工时间只有 10%～20%。其余时间都消耗在物料运输等待时间，如在库时间、设备调整准备时间。所以，一般而言，对于物流环节，原则是中间环节尽可能减少，在中间环节停留的时间也要尽可能少，每次运输距离尽可能短，而运输队速度尽可能提高。而这也是在运输中要"直达直线运输""四就直接运输"（即不经过商业环节，就厂、就车站、就码头、就仓库直拨直运）的原因所在。

9.1.3 物流服务对物流成本的影响

物流服务对企业物流成本核算也有影响。由于市场竞争的加剧，物流服务越来越成为企业创造持久竞争优势的有效手段，好的物流服务会增加收入，但同时也会提高物流成本。例如，为改进顾客服务水平，通常使用溢价运输，这对总成本的影响是双方面的：运输成本曲线将向上移动反映更高的运输费用，库存费用曲线将向下以反映由于较低的临时库存而导致平均库存的减少。在一般情况下，这些成本的变化后的净值是总成本的增加，但如果改进服务能增加收入，则这样的成本调整（增加）通常可视为是合理的。当然，决不能为提供更令人"满意"的服务而使物流成本急剧增加，不能使其增加大于长期销售收入增长所创造的利润。

9.1.4 物流运作方式对物流成本的影响

企业物流运作方式分自营物流和外包物流两种。由于市场竞争的加剧，企业物流运作方式从最初的所有物流业务全部自营，逐渐发展为部分物流业务的外包直至全部外包。其重要原因就是希望通过外包寻求企业物流成本的降低。

当然，外包能降低企业物流成本，但这并不是一概而论的，对于规模大，物流设施都较齐全，且物流运作已经较为成熟的企业，保持自营的方式更能充分利用企业的资源，提高企业的资金利用水平，减少物流成本的支付。

9.1.5　核算方式对物流成本的影响

各企业不同的会计记账需要导致物流成本目前存在着很多不同的核算方式，从而导致各企业的物流成本除了"量"的差异外，还存在着"质"的差异。我国尚未建立起企业物流的标准。在日本，虽然对物流成本的核算已经有了一套成型的标准，但该标准并不是只统一了一种标准，而是提供了三种不同类别的核算方式的标准，从不同角度对物流成本核算进行归集和对比，以指导和适应不同企业对于物流成本核算的要求。

当然，影响企业物流成本的因素除了以上几个大方面外，还有一些其他因素，比如企业信息化程度的因素等，但以上五大因素是考察一个企业物流成本时必须注意的重要方面，只有对这些不同的方面有所掌握，才有可能抓住物流本管理的主要方面，保证有效地开展物流成本管理工作，尤其是对物流成本核算方法具有现实的指导作用。

9.2　物流成本偏高的原因分析

9.2.1　企业物流成本分析与控制意识淡薄

通过调查，发现贵州省的大部分企业对于物流成本的意识淡薄，很多企业没有设立专门的部门和人员对物流成本进行管控，更多企业认为对物流成本的统计和计算没有必要，这就造成了贵州省物流企业不必要的物流成本支出，影响整个物流行业的整体效率。

另外，企业对于成本的核算，很多还是停留在核算运输成本或者对外支付的费用上，并没有对物流成本的组成有很系统和科学的认知，在成本核算的过程中，往往忽略了位于"冰山"之下的很大一块隐性物流成本。

9.2.2　第三方物流企业规模小，规模经济不明显

从贵州省来看，现有的物流供给能力要大于物流市场需求。物流服务企业规模较小，运输能力总体大于需求企业的运输需求规模，能力分散，规模集成度较低，物流部门条块分割的现象比较严重，每个部门都自成体系，缺乏整体物流规划，未形成大流通格局。重复建设必然会带来资源浪费，盲目一哄而上的结果只能是一哄而散。追溯它的原因就是规模经济的作用，加上大多数物流企业运营方式单一，综合性物流公司很少，使货物仓储、货物运输、货物配送无效作业环节增加，物流速度降低，物流成本上升，造成物流环节上的浪费，致使企业的物流支出大大增加。贵州省除了贵阳市和遵义市的货运量具有一定的规模外，其余各

地州市的物流量非常小，这就导致贵州省的物流企业分布不合理，具有规模的物流企业都集聚在贵阳和遵义，而地州市的物流企业普遍规模小、技术落后。车源少一定程度上抬高了物流货运价格，致使企业物流成本大大增加。

9.2.3 运输市场混乱、竞争激烈

走访发现，企业自身拥有车辆的物流企业少之又少，物流公司司机挂靠现象非常严重，甚至一个驾驶员就可以注册物流公司，办理货运执照，这正是贵州省目前货运市场的现状，大部分个体司机通过挂靠企业进行运营，导致物流市场，尤其是运输市场秩序混乱，价格战使正规的大企业在竞争中处于不利地位，如此往复，就会使运输市场陷入恶性循环，不利于物流行业的长期发展。

9.2.4 运输网络不健全造成的不合理运输

由于贵州省较沿海城市基础设施相对落后，物流设施设备不健全，导致物流运输效率低下，成本偏高；另外贵州省物流企业呈现"小、乱、差"，小企业众多，缺少行业"领头羊"，企业之间缺乏合作，物流社会化程度较低，在运输过程中出现如对流运输、过远运输、迂回运输、返程空载等一系列不合理的运输，导致物流成本上升。

9.2.5 管理制度不规范，交通处罚不合理

交通部门对物流车辆停放、进城时间、进城路线、车辆标识等没有进行统一管理，有些路段没有设置不让大车进城的时间和标志，这样会导致车辆，尤其是大型车辆秩序混乱。另外，让各企业怨声载道的是交通管制和处罚的不合理，运输企业车辆一进城就被罚，而且一车货可能要被罚几次，不但罚钱还扣分，此外，超载多和少的惩罚力度没有明确标准，如此情况下企业超载量反而更大（因为不管超载多少，罚款都相差不多），出事故的风险必然也会加大。

9.2.6 各地税费征收标准不一，有失公平

据了解，很多地方的政府政策不规范，对物流企业征收高额的税费，引起了市场的混乱，致使有些地区（六盘水为例）车源流失严重，不得不出高价从外地寻找车源进行运输，使得物流成本倍增。

9.2.7 运输组织模式单一，效率低下

贵州省的货运市场，绝大部分采用公路运输的形式，多式联运占比小，运输模式单一。比如只用公路运输，这也是公路超载超限屡禁不止的重要原因。其实，从我国能源政策来说，长距离甚至几千千米的公路运输是很不经济的，然而

由于几个系统的衔接困难，彼此不能形成有效网络，企业不得不选择单一方式。

9.2.8 进出流量不平衡

从地域空间来界定，贵州物流进出流量不平衡问题突出，货物发送量明显大于输入量，流出产品多以矿产品、粗制产品为主，而流入产品则以快递、快消品、轻工产品和高附加值产品为主。

9.2.9 园区租金高，费用收取不合理

贵州省农产品批发行业对道路运输价格并不十分敏感，认为道路运输价格对自身的物流成本影响不大。反而，感到园区的管理费用十分高，并认为不是所有的收费都是合理的比如交了进场费，还要再交摊位费，这些费用直接导致了自身成本的上升。

9.2.10 农产品流通模式效率低

贵州省大部分的农产品物流园还是传统的批发市场，主要的流通模式为产地—产地批发市场—销地批发市场—零售商（顾客），这种模式不仅流通环节多，而且中间的转运致使其他物流活动产生，农产品的损坏率也将被大大提升。

9.2.11 工业基础薄弱，产业集聚度不高

贵州作为农业大省，工业基础十分薄弱，并且产业集聚度低，结构发展不平衡。所以，没有形成产业配套，物流就很难形成对流运输，因为原材料和成品来去的点不一致。与沿海相同企业相比，运输费用相当高，没有自己的物流设备，都是委托多家第三方物流公司进行配送，但是合作都不理想，长期以来，企业的竞争力就会降低。

9.2.12 物流业的标准化、信息化、组织化、集约化程度低

贵州省的物流企业标准化、信息化、组织化、集约化程度低，特别是公路物流业的小、散、弱格局明显，行业集中度很低。由于标准化程度低，政府和企业对于物流活动的管理困难；由于信息化滞后，车找不到货，货找不到车的问题十分常见；由于组织化程度低，企业与企业之间各自为战，相互竞争，缺乏合作，导致公共资源浪费；集约化程度低，最明显的表现便是成型的、具有规模的物流园区稀少。

9.2.13 物流业与企业联动效应不足，物流社会化程度低

部分企业采用"大而全""小而全"的物流运作模式，企业物流剥离程度

低，制造企业自营物流比重较大，对强调合作共赢的物流供应链组织模式认识不深，物流与供应链上下游融合度不足，缺乏从交易功能向物流功能延伸的意识，与物流紧密联系的现货市场、交易中心等商贸物流业发展不快。大多企业无自己的物流网络和服务体系，对物流重视不够，企业总体对物流的管控能力较弱，与物流业联动发展的意识不强，物流社会化程度低。

9.2.14 物流企业的服务质量尚待提高

服务于商业企业的物流企业在服务质量上存在以下两点问题：

一是只是把物流服务水平看作是一种销售竞争手段而不做出清晰的规定。现在，商业企业由于销售情况不稳定、没有存放货物的地方或是为了避免商品过时，都在极力减少库存。如果它们无节制地要求多批次、小批量配送，或进行多批次地库存补充，物流工作量将大大增加，物流成本必然提高。

二是许多企业还在用同一水平的物流服务，对待不同的顾客或不同的商品。企业应把物流服务当作是有限的经营资源，在决定分配时，要调查顾客的需求，根据对公司销售贡献的大小，将顾客分成不同层次，按顾客的不同层次，决定不同的服务和不同的服务水平。

9.2.15 物流企业专业人才缺乏

物流企业人才缺乏，人才储备机制难以形成。由于就业条件和个人因素，物流企业人员流动频繁，因此物流企业特别是中小型企业不愿花费人力物力对员工加以培训，使员工缺乏完成本职工作所需的基本技能、必备技巧，导致效率降低，进而导致对其他企业的服务质量一直提高不上去，企业的物流成本居高不下。

9.2.16 国家政策的影响

物流具有距离经济和规模经济效应，运输成本与运输规模成逆向发展。国家颁布施行"921政策"后，车辆实际运输量减少，单位分摊成本提高，物流企业抬高运输价格，大大增加了企业的负担，使得利润空间缩小，不利于企业的良性发展。

部分物流企业在"营改增"以后税赋未减反增。"营改增"本是目前规模最大的结构性减税措施，然而因为各种现实原因，许多企业却出现税负增加的现象，交通运输业和物流服务业就是税负增加最为显著的"重灾区"。虽然"营改增"之后很多成本可以抵扣增值税进项税，但由于实际操作过程中的许多限制，例如采购方取得增值税专用发票需要向一般纳税人提供许多证件复印件，并办理相关手续等，导致增值税专用发票在运输过程中取得困难，无形中增加企业成本。另外，抵扣范围小，物流企业的燃油费、过路过桥费、人员工资、车辆折旧等几大项中，路桥收费站不可能给物流企业开具增值税发票，也就是说过路过桥费无法作为进项抵扣。燃油费用方面，长途行驶的货车经常会遇到没有增值税发票、只有普通发票的加油站，这部分燃油费用也无法冲抵增值税。人员工资也不能作为进项抵扣。此外，交通运输物流业的细分行业复杂，覆盖范围广，实践中计税过程非常复杂。以陆路运输企业为例，更加深层次的问题在于行业的细分。大型企业一般为增值税一般纳税人，这些企业在签订服务合同后会将一部分业务分包给当地的小型服务提供商。由于这些小型服务提供商往往不能开具增值税专用发票，会导致重复纳税的问题，缩小了企业的利润空间。

10 降低物流成本的对策

10.1 完善行政管理体制改革，形成统一效能的执法环境

应该统筹规划，正确引导合理布局和建设等。理顺政府各部门行政管理职能，健全监管责任制，推出责任清单和负面清单。充分利用信息化手段，创新监管机制和监管方式，通过综合执法和大数据监管，推进政务公开和信息共享，打破政府部门间壁垒，切实解决部门间职能交叉和多头执法问题。推广"互联网+政务服务"，推行全链条协同监管，利用互联网平台增强社会服务功能，营造有利于企业创新经营的执法环境。

10.2 应用大数据技术提升物流企业信息化水平

依托"云上贵州"平台，整合贵州交通云平台、贵州公共物流信息平台、贵州交通运输物流公共信息平台，打造省级智慧物流云，提供省域交通、物流、仓储、配送等公共信息服务，整合铁路、公路、水运、航空及邮政快递、仓储等行业物流信息，促进运力与货源的有效对接。

10.3 继续深化"营改增"试点改革，降低企业税收负担

继续深化实施"营改增"，建议将房屋租赁费、过路过桥费纳入增值税进项抵扣的行动，并落到实处。随着无车承运人政策推出，应抓紧解决个体运输业户开具增值税发票问题。建议充分利用互联网货运信息平台，开发利用信息平台进行监管和开票的新型征管模式。充分发挥物流企业主体责任，允许劳务接受单位（付款方）代开发票，并对其真实性负责。建议继续延续物流企业仓储设施土地使用税减半征收政策。

10.4 调整物流用地政策，扩大利用闲置资源

将物流用地纳入城市总体规划，加强对物流用地的统一规划和科学布局，优先保证物流用地指标的稳定供应，取消对物流用地投资强度、税收贡献等方面的附加要求。对物流园区、配送中心等仓储类物流设施用地应进行硬性规定和立法保护，不得随意变更用地性质和规模。取消缩短物流用地使用年限的政策。充分利用存量物流用地资源，支持物流企业利用铁路、港口、传统产业生产基地、工

业园区的厂房、仓库、货场、码头等存量土地资源，改扩建物流仓储设施或提供物流服务。

10.5   充分利用公共信息平台，形成中小型物流企业的联盟

联盟的形成是物流企业生存和发展的策略。对中小型物流企业来说，通过物流信息平台（如物流公共服务平台等）得到最新的物流信息。通过建立公共信息平台，把采购商、承运人、海关、金融服务等机构信息进行整合，实现交换数据及业务对接，通过联盟还有实现单个物流企业无法做到的物流成本的削减、市场的巩固、销售额的增加以及为客户提供的优质的服务等。

10.6   继续对物流"三化"建设稳步推进

对贵州省物流业的"信息化、专业化、标准化"三化的推进要继续大力贯彻。依托电信运营商的云计算、物联网、大数据等技术，建设贵州省货运市场的信息网络平台；为加快企业转型升级，提高企业物流专业化服务能力，物流企业不断加强专业能力建设，通过专业化瞄准具体的细分市场，集中资源强化专业能力建设，开展从事电子商务物流、冷链物流、快递物流、医药物流、粮食物流、家电物流等专业化的物流公司，提升运输效率；政府及协会要重视对物流标准化的推进实施，逐步对现有仓储、转运设施和运输工具进行标准化改造，积极采用标准化、系列化、规范化的运输、仓储、装卸搬运等物流设备，制定专门的物流标准化规则，为企业的运作提供依据。

10.7   对物流公共设施进行监管，降低物业费和服务费

对获得物流用地优惠、专项资金、建设资金补助、税收优惠的物流园区、配送中心等物流设施进行收费监管。物流园区、配送中心对进场经营的物流企业收取的场地租用费、服务费等应纳入监管，收费标准必须进行听证和公示。禁止享受了国家各项补贴和优惠的物流设施进行市场寻租，抬高场地租用费、服务费，从而降低物流经营成本。

10.8   利用信息平台对货运市场进行整合

目前贵州省的货运市场管理混乱，并且在激烈的竞争中，许多不好的现象显现出来，许多劣质的、不正规的个体司机通过"价格战"赢得客户，但是服务质量差、缺乏规则意识，这就使得很多正规的货运企业盈利十分困难。因此，政府要通过车货匹配信息平台，通过客户打分、平台监督等手段剔除质量差、不符合货运标准的车辆，为市场提供有效的供给。

10.9   升级优化运输组织模式

从目前来看，贵州省的运输模式单一，不必要的物流活动产生了大量的物流成本，不利于企业发展。虽然贵州省已经开始实施多式联运、无车承运人等运输改革，但是资金、基础设施建设、政策法规等方面还没有落到实处。因此，政府要加快推动多式联运、无车承运人与甩挂运输的实施进度，形成多种运输体系混合的组合效应，进一步提高运输效率。

10.10   提高物流业与工业、商业联动效应

推进产业联动，地方政府要大力开展产业联动发展活动，争取更多的企业加入这个平台中来。加强信息平台的建设，将政务服务延伸到供应链之中，为现代物流业与工商业深度融合创造条件；要加强产业联动发展扶持政策的研究，为现代物流与工商业联动发展提供政策保障；要加快推进工业区、物流中心基础设施和配套设施建设，完善园区功能，增强项目承载能力，不断优化产业联动发展的软硬环境。

10.11   加快工业进程，提高产业集聚度

加快转变经济发展方式，提高工业化水平及占比，以产业园区为载体，重大项目为抓手，积极承接产业转移，构建具有综合竞争力的现代产业体系，使城镇空间结构布局更加合理；优化产业空间布局，大力发展专业集聚区和特色功能载体，依据现有资源优势，推动产业升级，引领发展方向。唯有提高产业聚集度，才能挖掘物流业的社会化潜能，提高物流业的社会化程度及物流资源的利用率，从而降低社会物流成本。

10.12   建立油价、运价联动机制

根据调研反映，企业一致认为有必要建立油价、运价联动机制，使得运价透明化，为企业选择外包企业提供参考，使得第三方物流之间公平竞争，形成长期的良性竞争局面。

10.13   健全物流统计体系，为物流成本管理提供信息支持

落实物流统计核算与报表制度，进一步建立完善的社会物流部门统计制度，整合重点物流企业统计、部门物流统计、行业市场调查，统一各项指标口径，优选调查样本企业，制订科学的物流统计报表，做好社会物流总额、社会物流成本、物流业增加值、公路运输物流指数、物流园区投资等指标的统计核算工作。

按年度发布物流统计分析报告和全省物流业年度发展报告，及时准确反映贵州省物流业的发展规模和运行效率。强化物流数据监测，建立健全数据共享机制，不断提高统计数据的准确性、权威性和时效性，为全省现代物流业发展动态形势分析和决策提供依据。

附录

贵州省各类型企业物流成本分析调查报告

A 课题背景

随着社会经济和电子商务的发展，现代物流对贵州省的经济增长贡献率越来越高，近年来，贵州省社会物流需求总额持续上升，带动了物流业的持续扩张，物流发展空间越来越大，现代物流发展的动力与内在需求已初步形成，全省目前已初步形成了围绕产地和销地的矿产、农副特色产品、烟草、白酒、无公害果蔬等一批规模化和产销组织体系。

对贵州省大中小物流企业进行基本情况和业务情况调查分析时发现贵州省现代物流企业存在的问题，并提出合理化建议降低物流成本提高物流效率，只有对现在的物流企业进行系统的分析，才能了解当前贵州省物流企业的现状，从而对贵州省各个大中小型企业进行正确地评估。

2016 年 11 月~12 月中下旬，课题组在贵州省对 93 个大中小型物流企业进行了分析问卷调查。该调查的主要内容是贵州省各企业基本情况和、业务情况，以及贵州省物流企业的基本情况和业务情况，将相关结果进行分析整理。

B 物流企业分析调查问卷概况

a 调查问卷及调查对象

为了发现贵州省物流企业存在的问题，提出合理化建议，并分析物流成本对贵州省 GDP 的影响，我们特制了"贵州省各企业基本情况、业务情况表"，其中主要针对的是物流型企业、商贸型企业、工业企业、农业企业，多方位、多渠道了解各个企业工作现状，基本能反映各个企业人员比例、收入及物流成本的客观事实。

b 调查问卷的结构及内容

本次调查问卷大致分为两个部分，第一个部分为企业人力资源概况，在于了解企业员工人数、学历情况、岗位及职称概况；第二部分为企业财务和物流成本调查，这部分主要在于了解企业货运量、周转量以及企业收入、成本、利润和资产。

c 调查问卷的回收与发放

为了完成调研，了解贵州省物流企业存在的问题以及企业物流成本对贵州省 GDP 的影响，我们通过"贵州省物流企业基本情况、业务情况表"，对贵州省 93 家企业进行了问卷调查。其中贵州省物流型企业 35 份、商贸型企业 23 份、工业企业 16 份、农业企业 19 份。本次共收到 93 份问卷，其中无效问卷为 0 份，本次问卷的有效率为 100%。

C 工业企业调查问卷分析

a 工业企业所有制性质

从贵州省工业企业所有制性质来看（见附图 1），私营企业居多，占 31%，混合所有制次之占 25%，有限责任制占比 19%，国有企业占比 13%，民营企业和股份制数量相对较少，各占 6%。总体上看贵州省工业企业所有制性质类型较广，形成多种所有制形式的企业相互竞争的市场，不同所有制企业具有不同物流成本管理方式，能够得到不同政策扶持，多种企业所有制性质的企业并存使得贵州省工业更具有包容性，这有利于整个工业的良性发展。

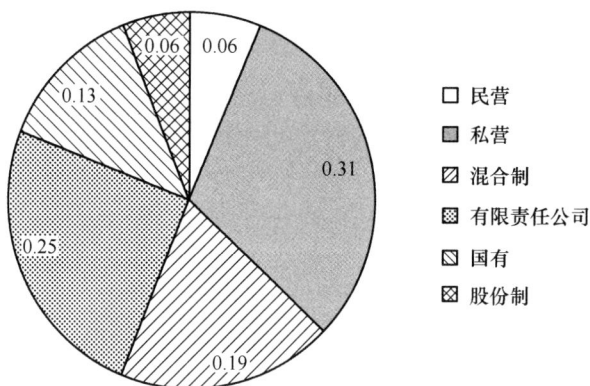

附图 1 工业企业所有制性质

b 工业企业业务辐射范围

贵州省工业企业业务辐射范围如附图 2 所示。由图可知，81% 的企业实现了全省和周边省区以及全国范围内的快递服务，仅有 6% 的工业企业的业务辐射范围只涉及本市，其中 13% 的企业涉及跨境业务。可以看出贵州省的工业企业在一定程度上有了很大发展，业务辐射范围变广，跨境业务能力也有很大提高，但是

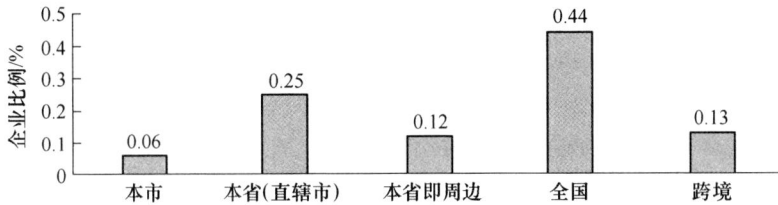

附图 2　工业企业业务辐射范围

还有非常大的潜力，有待发展。

c　企业物流信息管理系统的实现

如附图 3 所示，由于互联网技术的高度发展和广泛应用，贵州省 94%的工业企业都实现了物流信息管理系统的应用，只有 6%的小型企业还没有引进信息系统，从这也可以看出贵州省对信息化管理的重视。

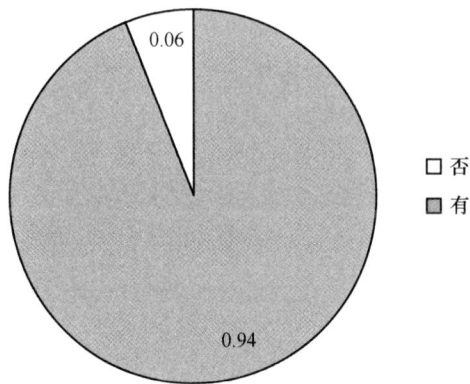

附图 3　企业物流信息管理系统情况

d　企业的年营业收入情况

根据调查结果显示，企业的年营业收入情况见附表 1。

附表 1　企业的年营业收入情况

收入范围	750 万及以下	750 万~1 亿	1~2 亿	2 亿以上
企业所占比率/%	8	31	46	15

从附表 1 中可以看出，大部分企业的年营业收入集中在 1~2 亿，750 万以下

只占8%，而750万~1亿也占了很大的比例，为31%，2亿以上的也占15%，可见贵州省的工业企业收入都比较好，企业的年营业收入水平有所提高，企业经营规模有所扩大。

e　各工业企业物流成本占销售额的比例

各工业企业物流成本占销售额的比例如附图4所示。

由附图4可看出，45%的工业企业的物流成本占销售额的比例不到10%，37%的企业物流成本占销售额的比例在10%~20%之间，但是也有一部分企业的物流成本所占比例比较大，不过，相对来说贵州省的工业企业在物流成本方面的管理比较好。

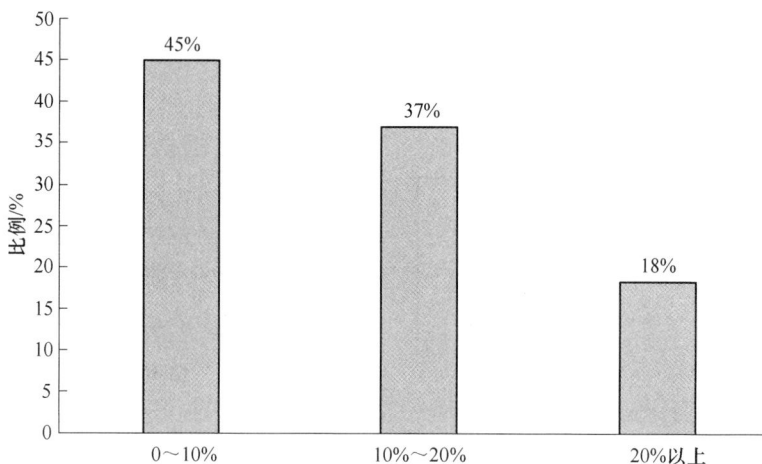

附图4　物流成本占销售额的比例

f　贵州省工业企业物流成本管理存在的问题

（1）成本核算标准不统一。目前贵州省工业企业物流成本的核算范围由各企业依据自身的需要进行认定，没有统一的计算标准，使得各企业物流成本包含的范围不同，致使各企业物流成本无法比较，也无法真正衡量企业相对的物流绩效，物流管理也就失去了依据。只有将混入其他费用科目中的物流成本全部分离出来，让巨大的物流成本账面化，才能挖掘出降低成本的宝库和第三利润源。

（2）成本核算范围不全面。工业企业在财务决算表中，物流费用核算的只是企业对外部运输业务所支付的运输费或在仓储过程中所支付的商品保管费等传统的物流费用，而对于企业内与物流操作相关的人员费、设备折旧费、固定资产损耗等各种费用则与企业其他经营费用统一计算。从现代物流管理的角度来看，企业难以正确把握实际的企业物流成本。

（3）没有单独设立物流成本科目。贵州省工业企业采用传统的会计方法以标准的会计科目为基础，没有对物流成本设立单独的科目来进行核算，各企业基本上以会计报表的分类方法，将与物流活动相关的各种支出列示于企业的各项费用内，或者仅仅将部分的物流成本随材料、制造费用等计入产品的制造成本中，使得企业的产品成本中对物流成本的反映不够全面。

（4）物流成本控制的手段单一。目前，贵州省工业企业只停留在依靠企业内部物流活动的分析，寻求降低物流成本的方法和措施，注重单个成本的降低，很少注意外部环境的变化，也不考虑从整个供应链的角度去增加绩效，诸如与生产和销售部门共同去研究物流成本问题，解决机构之间的壁垒问题，仍是一个较为封闭的内部决策支持系统。

（5）物流管理效率低下引起管理成本过高。贵州省工业企业大部分物流管理者素质较低，企业物流从业人员很少受过物流专业教育。同时，许多工业企业领导对物流重要性认识不清，忽视企业物流环节的工作，不重视对物流的投入，企业物流管理也停留在原来粗放式、低效的管理水平上。

D 商贸企业调查问卷分析

a 商贸企业基本业务情况分析

（1）企业所有制形式。贵州省商贸企业所有制形式中，私营企业占比最多为58.7%，股份制企业和个体商户占比相同为11.8%，国有企业、中外合资和外商独资占比相同为5.9%。如附图5所示。

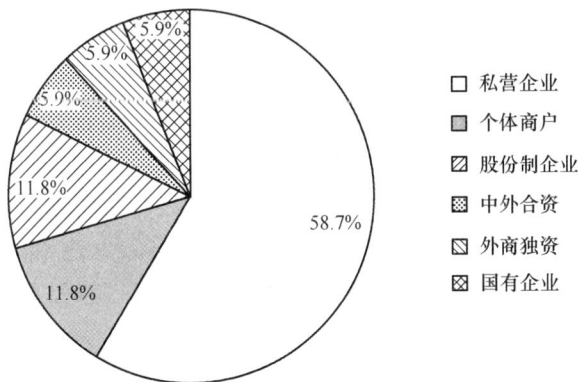

附图5 企业所有制形式饼状图

（2）企业主要从事的经营项目。贵州省商贸企业的经营项目比较广泛，包括钢铁、车辆、食品、服装纺织，木制品、日化、百货、生鲜、建材、照明、家具、酒类、陶瓷，其中食品、服装、木制品、百货是商贸企业经营比较多的项目。但是由于此次走访调研的商贸企业私营和个体商户比较多，因此单个企业经营项目较少，一般为一项或两项。具体数量见附表2。

附表2   企业主要从事经营项目

经营项目种类	服装纺织	食品、百货	木制品、生鲜	日化	灯具、车辆	建材、家具、酒类、陶瓷、钢铁
经营此项目的企业数量	7	6	4	3	2	1

（3）企业业务辐射范围。由于本次商贸企业调研主要是私营和个体企业，所以业务范围在本市的比较多，占比达到59%，其次是业务辐射范围在本省（直辖市），占比达到27%，而辐射范围在本省及周边省区和全国的比较少，占比分别是9%、5%。具体数量如附图6所示。

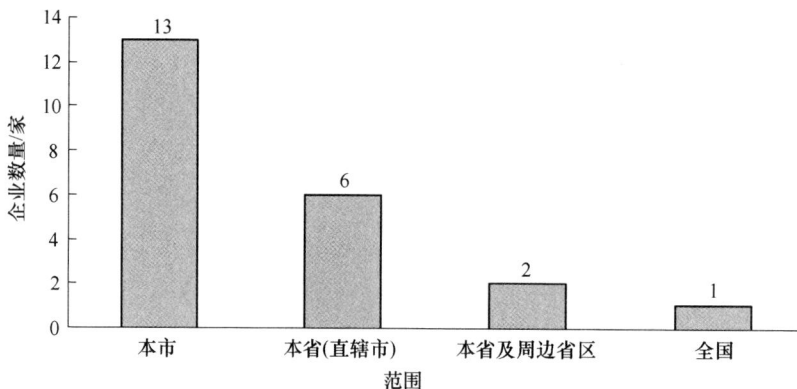

附图6   商贸企业辐射范围

（4）企业仓库运作方式。

调研的商贸企业的仓库运作方式多以人工为主，而且没有企业采用全自动无人作业，自动化程度较低。具体数量如附图7所示。

（5）企业物流活动的主要实现形式。

商贸企业的物流活动大多以外包为主，其次是以自营+第三方物流。在此次问卷调查中，没有企业单纯的采取自营物流活动方式，也没有企业具备专业子公司进行物流活动。具体数量如附图8所示。

（6）企业的物流费用占销售额的比例。企业物流费用占销售额的比例大多数都在10%以下，据调查，其中有一半的企业物流费用占销售额的比例为2%左右，此类企业的物流活动单纯为货物的运输费用，所以物流费用占比较少。具体

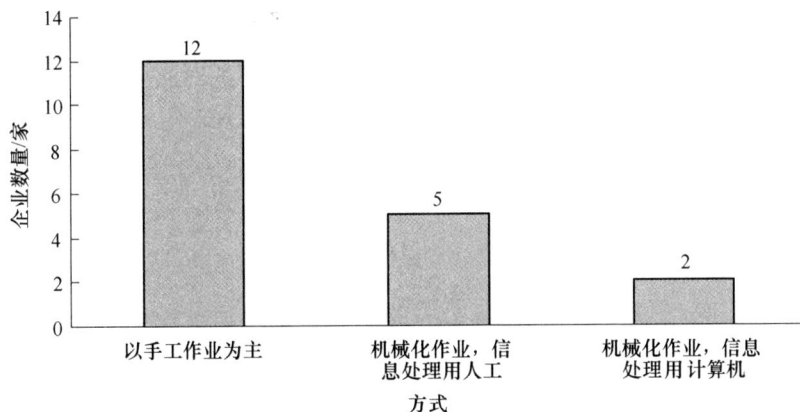

附图7 企业仓库运作方式

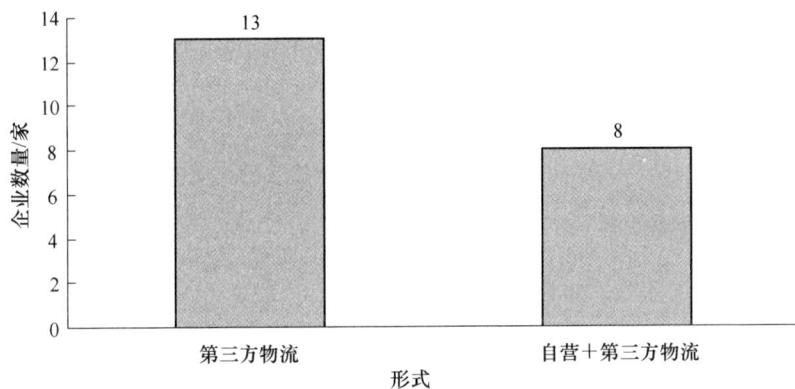

附图8 企业物流活动主要实现形式

数量见附表3。

附表3 企业的物流费用占销售额的比例

物流成本占销售额比例	10%以下	11%~20%	21%~30%
此比例的企业数量	14	7	1

（7）物流成本对公司利润的影响。物流成本对公司利润的影响见附表4。

附表4 物流成本对公司利润的影响

物流成本对企业利润的影响	非常大	大	一般	小	非常小
此比例的企业数量	1	5	14	1	1

从表中很容易看出，物流费用对企业利润的影响为一般偏大。

（8）企业物流成本的组成部分。企业物流成本中的运营成本占比最高，为 37%，其次为人工费用，占比为 33%。财务费用占比为 12%，税收成本占比为 10%，其他费用 8%。具体如附图 9 所示。

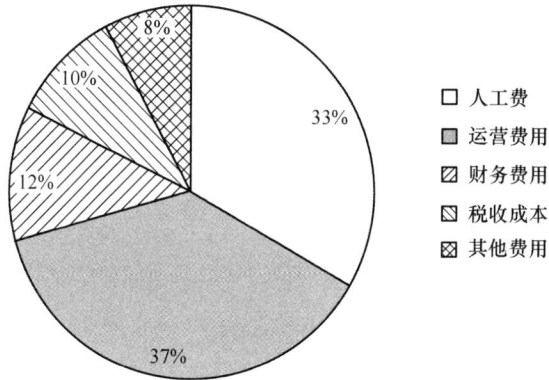

附图 9　企业物流成本的组成部分

b　企业的人力资源状况

企业员工平均年收入见附表 5 和附表 6。

附表 5　中层以上管理人员平均年收入

中层以上管理人员平均年收入	3 万以下	3~4.2 万	4.2~5.4 万	5.4~6.6 万	6.6 万以上
企业数量	1	3	3	4	9

附表 6　基层员工人员平均年收入

基层管理人员平均年收入	1.8~2.4 万	2.4~3 万	3~3.6 万	3.6 万以上
企业数量	4	4	5	7

c　有关企业物流状况的策略

（1）面对物流成本上涨的企业策略。面对企业物流成本上涨，商贸企业都或多或少采取了应对的策略，其中优化作业模式、提高运作效率是较多企业选择的应对物流成本的方法，其次是更新设备降低消耗、将外包物流转为自营物流以减少物流成本。

（2）面对物流成本上涨企业认为政府应该采取的策略。面对企业物流成本上涨，大多数企业都希望政府可以清理不合理的收费，来减少企业的物流成本，而且通过调查可以发现，大多数企业认为公路的运价对物流成本的影响很大，所以建立公路运输的指导性运价，定期公布运价指数和建立公路运输的油价、运价联动机制，也是企业希望政府采取的策略。

（3）企业对物流工作不满意的状况。企业对物流工作不满主要集中在物流成本高上，其中有 15 家企业产生了这种不满，其次是对于货物运输不及时的不满。

E 农业企业调查问卷分析

a 贵州农业企业物流成本现状分析

（1）农业企业收入情况分析。针对贵州各市农贸市场的部分商家进行实地调查后所做出的总结汇总，商家单次货物运进理论上可获利情况，3 万以下为 3 家，3~5 万为 5 家，5~10 万为 4 家，10 万以上为 2 家，商家运进货物周期平均为 7 天左右，如此看来商家的收益还是可观的。具体如附图 10 所示。

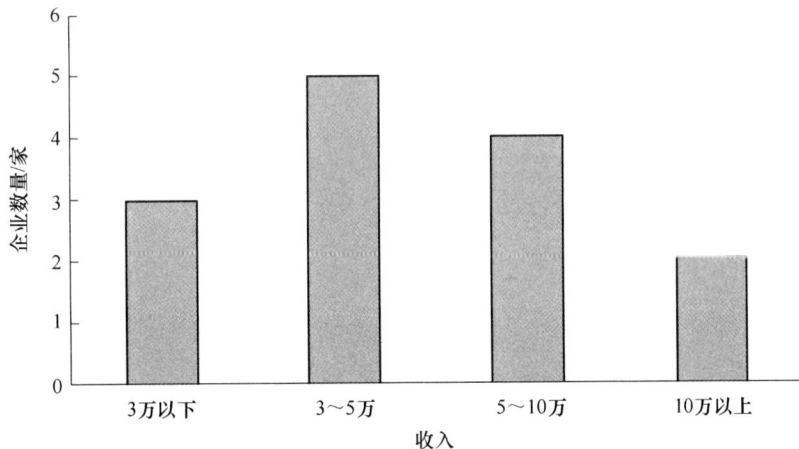

附图 10　农业企业收入情况

（2）农业企业利润分析。商家在扣除物流成本后普遍获利，只是利润程度有所不同，这也取决于产品价值以及运输量的不同，其中获利 3 万以下的有

20%，获利 3~5 万及 5 万以上的均为 40%（总计 19 家，其中有 4 家没有明确掌握此项内容数据），其中 5 万以上的包括两家规模较大的企业。具体如附图 11 所示。

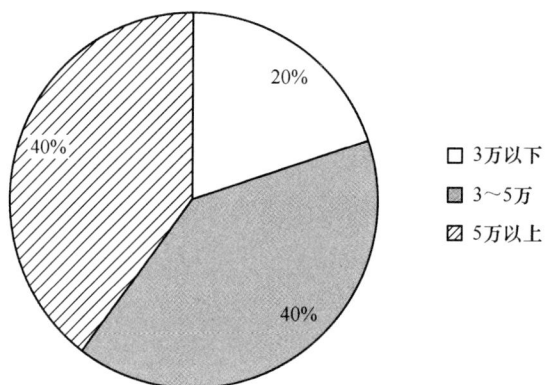

附图 11　农业企业利润

（3）物流成本占比情况。从附图 12 中可看出，物流成本占销售收入比重 10%的为 4 家，占比 10%~20%的为 9 家，占比 20%~30%的为 2 家，占比 30%以上的为 4 家，其中包括两家较大规模的企业，都匀黔昌牧业和贵阳三联乳业，物流成本分别占比 3%和 7.5%，都处于一个较低的水平。

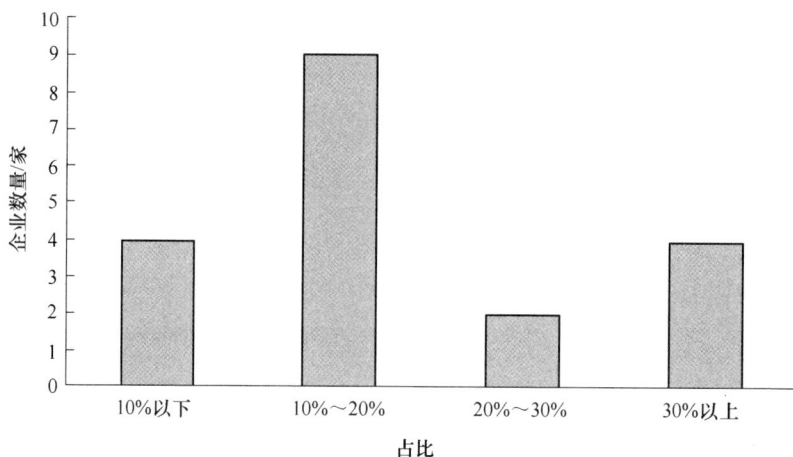

附图 12　农业企业物流成本占比

（4）物流车辆使用情况。在实地调研中，都匀黔昌牧业和贵阳三联乳业这两家企业多是采取物流业务自营的经营形式，其他农贸市场中有几家也是自有运输车辆，这种情况下物流占比从 11.3%～70% 不等，因此，看不出采取哪种形式的运输更能降低物流成本，选择合适自身业务发展需求的才是最好的。

（5）经营性质及规模。农产品的经营普遍采取小规模的店面私营形式，而且市场进入障碍少，同类商品的销售较多，市场内的竞争较大，市场内较为混乱，在一些地方的市场内会出现交通拥堵的情况，有些通道设置和园区布局不大合理。

（6）仓储情况。在农贸市场极大部分商家是仓库即店面，很少会为货物找到适宜条件的仓库，诸如冷库，在规模较大的企业中会设置专业的仓库来存放商品，以降低货物的损失率。还有些商家没有店面，直接在运输车辆上进行买卖活动，在一定程度上减少了装卸搬运的成本。

（7）运输成本情况。运输成本在 3000 元以下的为 5 家，运输成本在 3000～5000 元的为 3 家，5000～7000 元的为 2 家，7000 元以上的为 4 家。对于农产品商家来说，这只是单次运输的运输成本，蔬菜的运输频率较高，如此算来，物流成本极大部分由运输成本构成。具体如附图 13 所示。

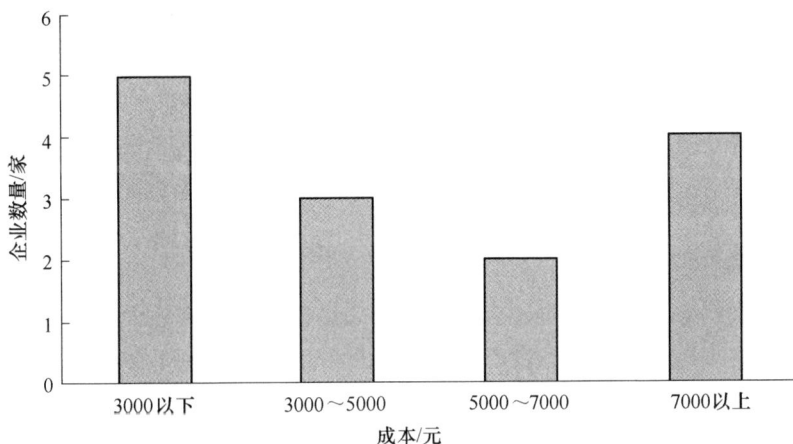

附图 13　运输成本情况

（注：总计 19 家，有效数据 15 家）

（8）装卸搬运情况。根据调查显示，在各地农贸市场中装卸搬运成本在 1000 元以下的为 4 家，1000～1500 元的为 5 家，1500～2000 元的为 3 家，2000元以上的为 2 家（具有一定规模的农业企业），与其他成本相比，装卸搬运成本在物流总成本中的占比是除运输成本以外占比较大的部分，而且随着人员工资的不断上涨，这一比重还会持续增加。具体如附图 14 所示。

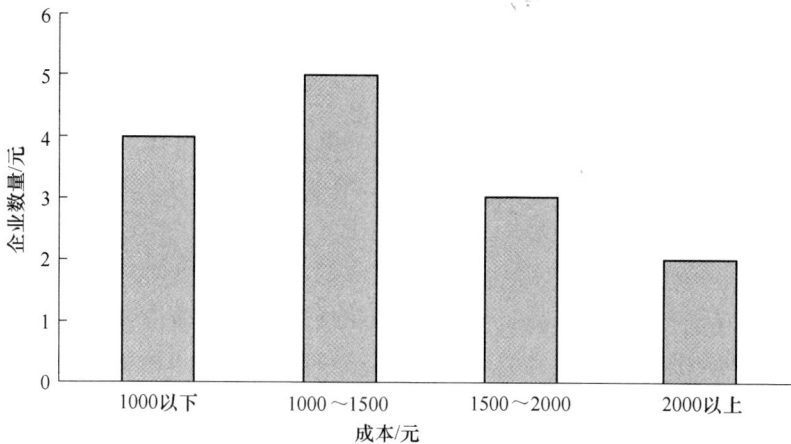

附图 14　装卸搬运成本情况

b　农业企业存在的问题

（1）对物流成本意识不足，成本核算模糊。在实地进行调研中发现，当问到商家物流成本时，商家普遍认为运输费用即物流成本，没有很好地认识到物流成本的概念，也没有掌握较为准确的核算方法。传统的物流成本核算方法，将农产品物流成本分散到许多成本项目中，很难看清农产品物流耗费的实际情况。在核算时，仅将运输、仓储的费用列入农产品物流成本，把农产品物流成本和流通成本混淆。在农产品生产过程中发生的物流费用，常常与生产费用、销售费用、管理费用等混在一起，因而容易被忽视，甚至未被列入物流成本。其结果导致农产品物流成本的低估和模糊，不利于农产品物流成本的控制和农产品物流的发展。

（2）店面租金及市场管理不合理。调查的这些家商铺的店面租金普遍在 1.5万左右，有些甚至更高，对于农产品来说，农产品属于产品价值较低的产品，而且由于农产品的易腐易烂的特殊性质，再加上货物一般会直接存放在店铺内，没有采取有效降低损失的措施，使农产品的货物损失率高于其他一般产品，而且在贵阳的地利物流园还会进行额外的收费，诸如进场费、强制到商店消费等不合理收费，这些因素都会造成物流成本的上升。

（3）人力成本高。农贸市场的农产品主要是从产地直接批发运进，不可避免地要进行装卸搬运作业，根据汇总表显示，农贸市场商家一般的装卸搬运费用都在 1000 元左右，甚至更高，对于形成规模的企业来说也占了较大的比重。所以无论是对于普通商家还是企业来说，人员工资的不断上涨都是影响物流成本的主要因素。

（4）过路过桥费高。虽然现在高速公路对农产品运输车辆免收过路过桥费，但是在车辆运输期间还是会存在空车行驶的情况，而且就贵州而言，大多数货物都是从云南、广西、湖南等地运进，极大部分都是商家空车前往目的地，贵州是典型的喀斯特地势，导致高速公路的修建成本较高，从而高速公路的收费也就较高，这也会导致物流成本的上升。

（5）空车行驶。贵州货物运进和运出的比例约为 9∶1，运进的货物量远大于运出的货物量，以至于车辆的空驶率较高，由此会导致额外费用的产生，造成物流成本上涨。

（6）农产品物流市场化程度低。调查的这些农贸市场一般都以区域服务为主，辐射范围有限，而且大部分的批发市场管理水平低，综合服务能力差，只有少数市场提供简易仓库供存放货物，散藏、混藏甚至露天堆放的现象相当突出。另外，保鲜设施缺乏且检疫监测手段不完善，食品卫生安全存在巨大隐患。

（7）基础设施落后。农产品运输技术和运输设备严重滞后，专用运输工具和先进运输设备相当缺乏，高效的专用运输车辆较少，农产品运输大多数情况下采用敞篷卡车运输，而采用具有制冷功能的保温箱式冷藏车辆运输的极少。这样的情况大大增加了农产品在运输过程中的损耗，严重影响了农产品在物流过程中价值的保值和增值。

F　物流企业调查问卷分析

a　物流企业的所有制性质

从贵州省物流企业所有制性质来看，私营企业居多占到总体 52%，股份制和有限责任制企业并列次之，各占 18%，国有企业占比 6%，社团和混合所有制企业占比较少，仅各占 3%。具体如附图 15 所示。总体上看贵州省工业企业所有制

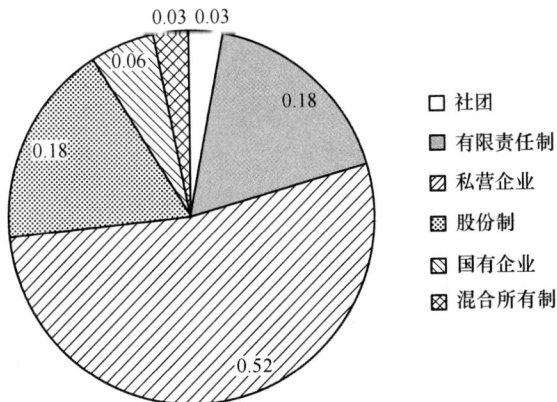

附图 15　物流企业的所有制类型

性质类型较广，形成多种所有制形式的企业相互竞争的市场，不同所有制企业具有不同物流成本管理方式，能够得到不同政策扶持，多种企业所有制性质的企业并存使得贵州省物流更具有包容性，这有利于整个物流企业的良性发展。

b　物流企业年营业收入情况

企业年营业收入调查结果见附表 7。

附表 7　物流企业年营业收入

收入范围	300 万及以下	300～1000 万	1000 万～2000 万	2000 万以上
企业所占比率/%	50	15	15	20

根据调查结果显示，大部分企业的年营业收入集中在 300 万以下，占了所有企业比重的 50%，300～2000 万只占 30%，而 2000 万以上的物流企业只占了 20%，可见贵州省的物流企业收入普遍偏低，集中在 300 万以下，可见，贵州省物流企业大部分属于中小型企业，企业的年营业收入水平有所提高，企业经营规模有所扩大。

c　贵州省物流企业物流成本分析

由调查分析所知，贵州省物流企业总成本过高，主要是由于运输成本和装卸搬运成本造成的，而运输成本是由直接人工、直接材料、其他直接费用、营运间接费用四个基本部分组成。运输成本过高，原因可能是运输路线规划不合理、缺乏完整的车辆管理机制等。

装卸搬运成本过高可能是因为贵州省物流企业机械化程度比较低、人工成本上升较快、中转次数多导致装卸搬运次数也相应增多、缺乏合理的运营机制等。

d　贵州省物流企业存在的问题分析

（1）物流企业各自为政，业务覆盖重叠，互相之间恶性竞争普遍。据贵州省相关职能部门统计，贵州省物流企业分散、规模较小企业占大多数，各物流企业按自身发展需求布局，造成贵州省物流企业整体缺乏系统的规划和组织，网络布局不科学，存在网络缺陷：或服务区域交叠，或覆盖不足；难以有效地动态调度运输和配送环节，造成运营效率低下，成本上升，时效性降低；存在各快递企业之间业务区交叠，造成人员浪费，成本上升，整体效率下降；与现代化运营管理模式难以融合，影响物流企业的进一步发展。

（2）中小型物流企业缺乏完整的信息化管理。目前，贵州省中小型物流企业中普遍没有配套的信息化管理系统，只有少量的企业拥有信息化管理系统，并且也仅限于针对财务管理系统、客户关系管理、建立内部网络以及企业的网站和网页等方面，而大部分中小型物流企业基本没有建立自己的信息平台，平时的通讯与联系主要是电话（包括移动电话）和传真机，这不仅准确率低、及时性差而且出错率高。

大部分物流企业规模较小，企业间交流甚少，难以形成规模经济。再加上物流管理不够科学，技术落后，因此普遍缺乏竞争力。由于规模较小，资金难以集中和周转，导致物流服务和信息化程度很低，迫使很多物流企业仍采用最原始的信息传递和控制办法。这降低了贵州省整体的物流水平，很难与国际物流接轨。

（3）物流企业专业人才缺乏。物流企业人才缺乏，人才储备机制难以形成。由于就业条件和个人因素，物流企业人员流动频繁，因此物流企业特别是中小型企业不愿花费人力物力对员工加以培训，致使员工缺乏完成本职工作所需的基本技能、必备技巧，导致效率降低。

（4）物流配送网点租用费用高。贵州省城市中心地区铺面租金、网点建设成本高，若在离中心较远地区建设网点又会增加运输距离，使得运费增加。这使物流企业网点建设面临两难，随着物流行业的发展，人们对物流服务质量要求逐渐增加，各家物流企业对门店装修都提出了标准，这也一定程度增加了快递网点建设费用。

参 考 文 献

[1] 曹慧,朱俊莹,王燕.企业的物流成本会计核算问题研究 [J].企业经济,2012,31 (01):179~181.

[2] 陈超.基于能值分析的区域绿色GDP核算研究 [D].大连:大连理工大学,2007.

[3] 程欣然.我国物流行业发展的现状、问题与对策分析 [J].物流技术,2014,33(15):86~89.

[4] 崔露,许小君.作业成本法在企业物流成本核算中的应用研究 [J].物流技术,2014,33 (01):232~234,241.

[5] 杜娟,刘彤.贵州物流业发展现状与SWOT分析 [J].贵州工业大学学报(社会科学版),2008,10(03):26~28.

[6] 范林榜.社会物流成本占GDP比重的影响因素 [J].财经科学,2014 (08):88~96.

[7] 何燕燕.合理公路收费降低物流成本 [N].国际商报,2011-03-24 (006).

[8] 高景萍.高速公路动态收费对物流车辆出行选择影响研究 [D].北京:北京交通大学,2013.

[9] 龚耀斌,吴晓.基于SWOT分析的传统物流企业问题及发展对策研究 [J].现代商业,2015 (05):169~170.

[10] 贵州省统计局.贵州统计年鉴2017 [M].北京:中国统计出版社,2017.

[11] 贵州省物流行业协会.贵州省现代物流发展报告 [M].贵阳:贵州人民出版社,2016.

[12] 侯海桂.关于统计抽样推断中参数估计方面精确度问题的探讨——暨精确度在回归分析预测中的应用 [J].中国集体经济,2012 (07):102~103.

[13] 侯珏.高速公路计重收费模式下费率影响和敏感性研究 [D].天津:河北工业大学,2012.

[14] 胡洪亮,盛维标,李桂侠,等.关于直线趋势外推法的改进 [J].消费导刊,2006 (12):136,143.

[15] 胡晓洁.企业物流成本核算方法研究 [D].北京:首都经济贸易大学,2009.

[16] 黄波,孔凡士,刘威.河南省区域物流与GDP增长的协整与因果关系分析 [J].物流科技,2008 (04):10~12.

[17] 黄湘民,刘大成,周阳方.国外物流成本研究前沿及进展——一个文献综述 [J].商业研究,2006 (23):203~209.

[18] 黄远东,盛小丽.贵州省物流发展现状分析 [J].合作经济与科技,2017 (01):11~12.

[19] 姜珊珊,邱灿华,唐凡.基于GRA的中美物流业成本对比分析 [J].物流技术,2009,28 (12):243~245.

[20] 蒋莉莉.贵州物流业的产业关联分析 [D].贵阳:贵州财经大学,2014.

[21] 焦涧.统计分析在现代物流成本管理中的应用 [J].中国商贸,2012 (13):149~150.

[22] 金勇进,贺本岚.复杂抽样推断方法体系的比较研究 [J].统计与信息论坛,2011,26 (10):3~8.

[23] 荆磊，吴泽宁，胡彩虹．生活需水预测的弹性系数法改进模型及应用[J]．郑州大学学报（工学版），2008（02）：95~98，113.

[24] 李慧．线性回归预测与控制在物流作业成本法中的应用[J]．重庆交通学院学报，2004（06）：115~117.

[25] 李角奇，吴高魁，扎士君．抽样调查与总体总量推算方法的应用研究[J]．沈阳工业大学学报，1994（04）：28~33.

[26] 李克宁．谈物流成本与GDP[J]．中国流通经济，2002（04）：13~15.

[27] 李梅．我国物流成本和GDP的关系研究——基于VAR模型的脉冲响应函数和方差分解[J]．物流技术，2013，32（17）：301~303，328.

[28] 李晴．社会物流总费用与社会物流总额的定性与定量关系[J]．物流工程与管理，2011，33（04）：1~3.

[29] 李玉娟．贵州省物流产业滞后的原因及对策研究[J]．贵阳市委党校学报，2011（02）：24~28.

[30] 梁雯，刘宏伟，吴海辉．物流成本优化模型分析[J]．经济研究导刊，2012（17）：144~145，156.

[31] 林亮，朱海玲．抽样调查方法在多种经济成分统计中的应用[J]．财经理论与实践，2003（01）：100~103.

[32] 刘柏阳．基于灰色系统理论的区域物流成本分析及预测研究[D]．南昌：江西理工大学，2015.

[33] 刘丑宏，申亮．高昂路桥费对我国物流运输成本的影响分析[J]．商品与质量，2011（SB）：36~37.

[34] 刘玲．我国物流成本居高不下的深层次原因探析[J]．中国商贸，2011（31）：44~45.

[35] 刘巧．贵州省物流业发展能力影响因素与提升研究[J]．商，2015（06）：246.

[36] 刘巧．贵州省物流业发展现状SWOT-PEST分析[J]．商，2015（05）：239.

[37] 刘晓峰，张晓．高速公路收费与物流成本关系研究[J]．交通运输部管理干部学院学报，2016，26（02）：21~24.

[38] 刘依苇．中美物流市场结构对比分析——成本次可加性理论的实际应用范围探讨[J]．中国市场，2015（12）：99~103.

[39] 卢兰静，韦翠琼，陈超兮，等．浅谈灵敏度分析的应用[J]．电气开关，2014，52（05）：93~95，98.

[40] 罗文丽．高速费：物流难言之痛[J]．中国物流与采购，2015（02）：35~38.

[41] 吕联泰，陈正群．地区GDP核算方法探讨[J]．江苏统计，2002（10）：14~15.

[42] 吕秋芬．地区GDP核算及数据衔接问题研究[D]．沈阳：辽宁大学，2009.

[43] 彭彤丽．降低我国物流成本的措施探讨——基于中美物流成本的对比分析[J]．经济地理，2009，29（06）：952~954，971.

[44] 邱克惠，郭杰群．抽样调查在社会经济统计中应用的基本问题研究[J]．杭州电子工业学院学报，1996（02）：57~61.

[45] 邵美婷．贵州省物流能力现状与提升路径[J]．农村经济与科技，2013，24（10）：

91~93.

[46] 邵瑞庆. 关于物流企业物流成本核算方法的探讨 [J]. 交通财会, 2006 (06): 4~17.

[47] 邵瑞庆. 物流成本的计量与核算 [J]. 上海立信会计学院学报, 2009, 23 (02): 3~8.

[48] 史峰, 谈贵军. 一种区域社会物流总费用的统计方法 [J]. 铁道科学与工程学报, 2008 (05): 76~80.

[49] 宋则, 常东亮. 中国物流成本前沿问题考察报告 (上) [J]. 财贸经济, 2005 (07): 43~47, 96~97.

[50] 苏磊, 兰洪杰. 基于投资回收的道路物流成本分析——以京沈高速 (北京段) 为例[J]. 中国软科学, 2011 (S2): 266~271.

[51] 孙淑生, 罗宝花. 多元线性回归模型在物流成本预测中的应用 [J]. 商业时代, 2014 (18): 19~21.

[52] 谈贵军. 区域物流成本统计与预测方法研究 [D]. 长沙: 中南大学, 2009.

[53] 唐俊忠, 吴群琪, 顾敬岩. 高速公路收费对社会物流费用的影响 [J]. 技术经济与管理研究, 2015 (05): 3~6.

[54] 唐俊忠. 高速公路通行负担分析理论与方法 [D]. 西安: 长安大学, 2013.

[55] 王桂红. 贵州省物流产业影响因素及发展趋势研究 [J]. 企业技术开发, 2013, 32 (Z1): 124~125.

[56] 王华. 企业物流成本控制研究 [D]. 武汉: 武汉理工大学, 2004.

[57] 王燕弓. 坚持完善收费公路政策需要澄清的若干问题 (下) [N]. 中国交通报, 2013-06-26 (003).

[58] 王燕弓. 正确认识物流成本与收费公路的关系 [J]. 中国公路, 2016 (01): 62~65.

[59] 王耀球, 刘金明. 中美物流成本占 GDP 比重的对比分析 [N]. 现代物流报, 2005-11-10 (004).

[60] 王亦兵, 陈君洋. 抽样调查样本数据评估 [J]. 内蒙古统计, 2015 (04): 15~17.

[61] 王轶俊. 基于灰色关联理论的区域物流成本统计分析 [J]. 中国商贸, 2012 (10): 184~185.

[62] 韦滢坤. 我国城镇居民消费水平的分析与预测——基于趋势外推法和指数平滑法组合模型的分析 [J]. 价格月刊, 2011 (03): 74~77.

[63] 翁心刚. 对我国物流成本的再认识 [J]. 中国流通经济, 2016, 30 (05): 5~11.

[64] 吴威, 曹有挥, 梁双波. 区域综合运输成本研究的理论探讨 [J]. 地理学报, 2011, 66 (12): 1607~1617.

[65] 谢楠, 严建渊. 浅析中小企业物流成本管理现状与对策 [J]. 物流工程与管理, 2012, 34 (01): 65~67.

[66] 熊云龙. 贵州省中小物流企业信息化发展现状与对策 [J]. 信息系统工程, 2012 (07): 131~132.

[67] 薛佳平, 张黎丽. 弹性系数法和回归分析法在预测中的比较 [J]. 山西建筑, 2013, 39 (05): 199~201.

[68] 杨立勋, 陈宇晟. 地区与国家 GDP 核算总量数据衔接方法探讨 [J]. 统计与决策, 2014

(12)：66~68.

[69] 杨熙.贵州省物流业发展状况及未来发展分析［J］.现代营销（下旬刊），2016
    (04)：199.

[70] 尹忠威，王欣兰.物流成本核算方法比较研究［J］.中外企业家，2014（07）：38~39.

[71] 虞薇.统计分析在物流成本工作中的应用［J］.智能城市，2016，2（12）：53.

[72] 张驰.基于环境影响的物流成本构成研究［D］.成都：西南交通大学，2012.

[73] 张建.贵州商贸物流扬帆起航［N］.国际商报，2016-09-05（B02）.

[74] 张绪明.贵州现代物流发展的SWOT分析［J］.物流科技，2013，36（05）：58~60.

[75] 张兆民，韩彪.以社会物流费用占社会物流总额比重测算物流成本［J］.中国流通经
    济，2016，30（10）：24~30.

[76] 张中强，宋学锋.物流总成本及其构成与GDP关系的分析［J］.科技导报，2005（10）：
    38~41.

[77] 赵冬梅.中美物流成本对比分析［J］.商业时代，2013（16）：44~45.

[78] 赵美怡，刘小倩.贵州物流成本水平与影响因素研究［J］.现代商业，2017（19）：
    22~23.

[79] 赵妍.吉林省绿色GDP核算体系的建立及应用的研究［D］.长春：东北师范大
    学，2004.

[80] 钟丽燕.趋势外推法在人均GDP预测中的应用［J］.经贸实践，2017（07）：84，86.

[81] 周辉，王茂春.基于灰色关联的贵州省制造业与物流业联动发展研究［J］.物流技术，
    2015（16）：140~142.

[82] 周辉.贵州省制造业与物流业联动发展探析［J］.中国市场，2015（25）：242~244.

后　　记

通过为期一年的调研，终于完成了"贵州物流成本研究"，并将其总结成书。本次研究梳理了物流成本的理论，对物流成本特别是区域社会物流成本构成进行了调查，找到影响物流成本的因素，提出降低物流成本的方法和对策，并且重点测算贵州省社会物流成本及其占GDP比重，研究分析出高速公路费用变动一个百分点对贵州省社会物流成本的影响程度。取得了丰硕的成果，但也存在一些问题。

（1）在调研中挨个走访样本企业，不仅需要大量的时间，还需要大量的人力、物力和财力，调研效率较低，通常一天只能走访两家企业，给调研进程带来了很大的困难。

（2）对调研企业填写的调研问卷，有些是当场指导性的填写，也有一部分由于时间比较紧迫，只发放了调研问卷的电子版，而这一部分的回收率非常低，企业的参与性不强，对调研数据的收集汇总和分析造成了一定的局限性。

（3）对于样本企业所填写的调研问卷中的数据，有些企业管理人员对物流成本的理解不全面，核算的一些数据是不合理的，也有些企业认为调研问卷中所填的数据涉及公司的机密，不愿意填写具体数值，只给了大概范围，这就使数据分析的准确性降低，对于计算结果的准确性也有一定的影响。

王茂春

2018 年 6 月于贵阳